KB005428

Master of Expression

표현의
달인

말 한마디로 처음 만난 사람도 끌리게 하는

표현의 달인

Master of Expression

도미타 타카시 지음 | 박진희 옮김

비전코리아

말 한마디의 표현이
성공과 행복을 결정한다

우리들 인간에게 '말'이란 행동을 이끄는 것이다. 인간 이외의 동물에게도 신호를 구별하여 행동하는 능력은 있다. 예를 들면, 쥐는 ○며 △의 기호를 구별해서 목표를 향하는 일이 가능하다. 그러나 인간의 '말'이 다른 동물의 기호와 결정적으로 다른 것은, 손에 넣은 정보를 자기 이외의 상대에게 전달할 수 있다는 데 있다.

우리들 인류는 '말'을 통해서 몇 세대도 전의 지식을 전수받아서 정보를 공유해 왔다. 몇 백 년도 전에 일어난, 자신이 직접 체험하지 않은 일이라고 할지라도 '말'로 전해져 내려온 정보가 있기 때문에, 시행착오를 거치지 않고 행동할 수 있는 실마리를 얻을 수 있다.

또한 '말'은 행동을 이끎과 동시에 자발적인 행동을 촉진하는 작용도 지니고 있다. 심리학에서는 이것을 말의 '강화력'이라고 한다. 버스에서 노인에게 자리를 양보했을 때 "고마워요"라는 감사의 말을 듣는다. 그 한마디가 좋은 결과로 기억되어, 다른 날에도 전과 같은 상황이 되면, 지난번처럼 좋은 기분을 맛보기 위해 다시 자리를 양보한다. 이것이 플러스 강화이다.

반대로 마이너스 강화도 있다. 질타하거나 소리를 지를 때 사용하는 말의 작용이다. 질타를 받으면 불쾌한 기분이 되어 두 번 다시 그런 일은 당하고 싶지 않다고 생각하게 되는데, 이것이 바로 마이너스 강화의 표시이다.

이처럼 '말'은 인간의 행동이나 감정을 컨트롤하는 힘을 지니고 있다.

그러므로 상대에게 '말'을 할 때는 충분한 주의가 필요하다. '말'이라는 것은 정보를 전달하는 고마운 것임과 동시에, 사람이 사는 방식 자체를 바꾸어버리는 무서운 것이기 때문이다.

현대 사회는 좋은 의미에서든 나쁜 의미에서든 말의 컨트롤을 주고받음으로써 존재한다. 나쁜 컨트롤에 희생당하지 않기 위해서도, 이 책을 참고하여 보다 좋은 컨트롤 방법을 몸에 익히기 바란다.

어렸을 때는 자유롭게 '말'을 써도 용서되었지만, 사회에서 살아가기 위해서라면 '말'의 두려움을 충분히 이해하여 의식적으로 사용했으면 한다. '말'이라는 표현을 제대로 컨트롤할 수 있다면, 상대도 자신도 행복해질 수 있으므로…….

contents

프롤로그   5

chapter 1 누군가를 처음 만났을 때

01 처음 만난 사람과는 상대의 취미로 이야기를 시작한다   14

02 먼저 개인적인 이야기를 꺼내면 상대는 이에 편승하게 된다   17

03 맞장구는 대화를 촉진시킨다   19

04 공통점은 상대와 깊은 연대감을 만든다   22

05 실패담이나 결점을 이야기하여 심리적인 거리를 줄인다   24

06 30% 말하고 70% 듣는다   27

07 상대가 애착을 갖는 물건을 칭찬한다   30

08 상대의 어투나 몸짓을 흉내 내어 상대의 기분을 좋게 한다   32

09 날씨 이야기 한 마디로 상대의 경계심을 푼다   34

10 동료의식에 호소하면 급속히 가까워진다   37

11 상대의 이름을 대화 안에 넣으면 친한 관계가 구축된다   40

12 나란히 앉아 이야기를 걸면 속마음을 털어놓기 쉽다   42

상대의 마음을
끌어들여 내 편으로
만들기 위해서는

chapter 2

01 한 번 더 물어보면 닫힌 마음이 열린다   46

02 상대의 장점을 대화 안에서 자연스럽게 흘린다   49

03 가까이 있는 사람에게 감사의 말을 잊지 않는다   51

04 짧게 자주 만나는 것으로 친근감을 만든다   53

05 만남을 제의할 때는 시간을 두고 반복한다   55

06 상대가 도움을 받는다는 느낌이 들지 않도록 한다   58

07 울적할 때의 위로 한마디로 상대의 마음을 구한다   60

08 '우리'라는 말로 친근감의 정도를 가늠할 수 있다   63

09 상대를 칭찬할 때는 타이밍이나 말의 선택이 중요하다   65

10 알고 있다고 인정해주는 것으로 상대의 주의력을 환기시킨다   68

11 다시 만나자는 멘트로 헤어질 때 호감을 갖게 한다   71

12 자신이 관심 없는 이야기라도 긍정적으로 듣는다   73

13 공들인 식사 한 번으로 마음을 사로잡는다   75

14 긍정적인 말을 많이 사용하면 좋은 인상을 얻는다   77

15 서로 다른 점을 이용해 두 사람의 거리를 줄인다   79

16 푸념이나 불만을 일시적인 활력제로 쓴다   81

17 스릴 만점인 곳에서 사랑을 얻는다   83

18 먼저 '노' 다음에 '예스'로 돌아서면 신임을 얻는다   86

chapter 3 — 상대에게 YES를 받아내기 위해서는

01	뒤처지지 않겠다는 의식을 자극해 상대의 마음을 움직인다	90
02	작은 '예스'에서 큰 '예스'를 끌어내는 테크닉	92
03	일부로 '노'를 말하게 함으로써 다음의 '예스'를 끌어낸다	95
04	상품의 단점을 살짝 곁들이면 신뢰도가 높아진다	98
05	부족함을 인정함으로써 적극적인 협력을 이끌언 낸다	101
06	선택을 망설이면 대의명분을 쥐어준다	103
07	'예스'라고 말하지 않는 사람에게는 양심을 자극한다	105
08	발언 직후의 찬성 한마디로 회의의 흐름을 바꾼다	108
09	부탁할 때 이유를 붙여 '예스'를 끌어낸다	110
10	배움을 요청함으로써 '예스'를 끌어내는 고도의 테크닉	112
11	스스로 선택했다는 확신을 준다	114
12	반대가 예상될 때는 작은 부분에 대한 동의부터 획득한다	116
13	승낙하기 쉬운 제안을 반복해 긍정적인 심리상태를 만든다	118

chapter 4 — NO라고 확실히 말하기 위해서는

01	그 자리에서 거절하기 힘들면 대답을 미루어 인간관계를 지킨다	122
02	거절의 이유를 말할 수 없을 때는 두루뭉술하게 대답한다	124
03	결론이 무엇인지 질문해 세일즈맨의 긴 이야기를 가로막는다	126

04 단어 하나로 자연스럽게 거절한다   128

05 논리정연하고 예의 있는 거절은 오히려 호감을 불러일으킨다   130

06 피하고 싶은 화제에서의 '노'는 쿠션 단어를 사용하자   132

07 구입하고 싶지 않을 때는 상품에 대한 불만을 말하지 않는다   135

08 다음 기회로 미루면 상처 입히지 않고 거절할 수 있다   137

09 먼저 사과해 버리는 것으로 거절당한 상대의 불만을 없앤다   139

10 이야기를 중지시키고 싶을 때는 '우선은'으로 보류한다   141

자신의 의견을
통과시키기
위해서는

chapter **5**

01 '3'을 이용하는 것만으로 의견에 주목시킨다   144

02 타사 제품의 결점은 피하고 자사 제품의 장점을 말한다   146

03 긍정적인 정보를 먼저 줌으로써 좋은 인상을 심어준다   148

04 결론을 먼저 말하고 마지막에 반복해 못을 박는다   151

05 때로는 일부러 침묵의 시간을 만든다   154

06 재차 요약하는 것으로 상대의 주의를 환기시킨다   156

07 마지막에 발언하면 의견을 통과시키기 쉽다   158

08 상대에게 충고를 부탁해 의견을 통과시킨다   160

09 질문 형식으로 상대의 생각을 변화시킨다   162

10 자신의 입으로 말했다는 것만으로 생각이 바뀐다   165

11 상담을 하고 싶을 때는 식사 제안으로 마음의 준비를 시킨다   167

12 입장이 바꾸어 말하면서 자신의 의견을 끼워넣는다   170

13 공포심을 부추기는 설득의 효과는 일시적인 것일 뿐이다   172

14 A를 시키고 싶을 때는 반대로 B를 부추긴다   175

사람에게
의욕을 불러일으키기
위해서는

chapter **6**

01 구체적인 목표 설정으로 의욕을 부추긴다   178

02 정신적인 당근으로 상대의 의욕을 자극한다   180

03 상대에 대한 기대가 잠재능력을 발휘하게 한다   183

04 금지하면 할수록 그것에 끌리게 된다   186

05 의욕을 불러일으킬 때에는 구체적인 동기를 부여한다   188

06 상대에게 명령을 할 때는 부드럽게 부탁한다   190

07 그 때 그 자리에서의 칭찬이 활력을 만든다   192

08 포지티브한 제안이 포지티브한 행동을 이끈다   194

09 작은 목표부터 설정해 노력하는 마음을 고조시킨다   197

10 그룹으로 일을 맡길 때는 각자 책임 분담을 명확히 한다   199

상대의
반감을 줄이기
위해서는

chapter **7**

01 전체를 싸잡아 비난할 때는 구체적인 체험을 말하도록 유도한다   202

02 약속을 어겼다면 바로 사과해 상대가 느낀 굴욕감을 떨쳐낸다   205

03 직장을 옮겼다면 전 직장과 비교하는 발언은 금물   208

04 부탁을 못 들어 줄 때에도 신중하게 검토하는 자세를 보여준다   210

05 반대할 때는 돌려 말하기로 상대의 반감을 사지 않는다   212

06 대비의 심리를 이용해 화를 입지 않고 비판한다   214

07 가까운 이들끼리 통하는 유머가 모두에게 통용되는 것은 아니다   216

08 상대의 행동이나 의견을 좇아 반감을 최소화시킨다   218

09 사과를 할 때는 얼굴을 보여주어 화를 누그러뜨린다   221

코너에 몰렸을 때 자신을 지키기 위해서는

chapter 8

01 예상외의 질문을 받으면 유머로 받아친다   224

02 먼저 잘못을 인정하여 상대의 감정을 누그러뜨린다   226

03 열이 난 상대의 이야기는 냉정하게 받아들인다   229

04 모르겠다는 솔직한 고백이 가르쳐주어야겠다는 기분을 만든다   231

05 나는 강한 인간이라고 되뇌면 진짜로 강한 인간이 된다   233

06 때로는 약간의 자기 합리화도 필요하다   236

07 부당한 일을 하기 싫으면 다른 사람의 예를 들어 거절한다   239

08 상대에게 폐를 끼쳤다면 먼저 고의가 아니었음을 밝힌다   241

09 자신을 연출하여 위기에서 벗어난다   243

10 '파이팅' 이란 외침으로 정말 기분이 좋아진다   245

누군가를
처음 만났을 때

01

처음 만난 사람과는
상대의 취미로 이야기를 시작한다

처음 만난 사람과 이야기할 때는 누구라도 긴장한다. 그냥 지나치는 사람과 어쩌다 세상 이야기를 나누는 것과는 차원이 다르다. 게다가 상대와 가까워지고 싶다는 마음이 있다면 더욱 그렇다. 싫어하면 어쩌지 하는 마음에 무엇부터 말해야 좋을지 망설이게 된다.

이 때문에 사전 조사라는 것이 필요하다. 상대의 취미나 지위, 가족관계 등은 전혀 알아보지도 않고, 일단 부딪혀보자는 식으로 약속 장소에 나가는 것은 현명하지 못한 행동이다. 내가 좋아하는 이야기라고 해서 상대도 좋아하리라고 보장할 수 없으며, 상대에게는 가장 입에 올리기 싫은 이야기가 화제로 떠오를 위험성마저 있다.

첫대면에 긴장하는 것은 상대도 마찬가지다. 긴장을 푸는 의미에서라도 가벼운 화제로 말문을 터야 할 것이다.

그러기 위해서는 그 사람의 전공 분야나 지금 심취해 있는 것, 또는 그 사람이 좋아하는 것에 대해 이야기하는 것이 좋다. 지금 자신이 열중해 있는 일이 화제에 오른다면 누구라도 이야기를 하게 될 것이다.

이것을 심리학에서는 '접근 행동'이라고 부른다. 누구라도 자신이 자랑하고 싶은 이야기나 깊은 관심을 갖고 있는 것에 대한 이야기를 들으면, 지식이나 체험을 피력하고 싶어진다.

반대로 자신이 싫어하는 이야기나 언급하고 싶지 않은 화제를 건드리는 경우는, 그 화제에 끼는 것을 피하려고 입을 다물어버리거나 자리를 뜨려고 한다. 이것을 '도피 행동'이라고 부른다. 따라서 상대가 접근 행동을 일으킬 만한 화제를 꺼내는 것이 좋다는 말이다.

단 그 경우, 질문 방법에 비결이 있다.

"취미가 무엇입니까?"

마치 선보는 자리와 같은 대화를 나누어서는 안 된다.

이렇게 직접적인 질문은 상대의 간단한 대답으로 다시 대화가 끊어질 가능성이 있다.

이럴 때, 상대가 테니스를 시작했음을 미리 알고 있는 경우는 "최근에 테니스를 시작하셨다면서요?" 하고 구체적으로 물어본다.

'네'라는 대답을 들었다면, 여기서부터가 중요하다.

"저도 하고 싶긴 한데 생각만 있고…… 역시 제대로 된 강습을 받는 게 좋겠지요?" 따위의, 상대가 '예', '아니오'로 끝내지 않고 계속해서 이야기할 수 있는 상황을 만들어야 한다.

그렇게 되면 "저도 아내에게 끌려간 거예요. 그 제대로 된 코치라는 게 바로 아내라오" 등으로, 이야기가 활력을 띠게 된다.

상대가 어떤 취미를 가지고 있는지 모를 경우는 "저는 휴일에는 카메라를 들고 교외에 나가는 일이 많은데, 휴일을 어떻게 보내십니까?" 하고, 자신의 취미 따위를 구체적으로 말하며 질문을 던져 보자.

그러면 말문을 열 만한 대답이 돌아올 것이다.

상대가 좋아할 화제에 대해 상대가 말하기 쉬운 상황을 만드는 것, 그것이 자연스런 이야기로 상대에게 좋은 인상을 주는 포인트이다.

거래처 사람과 처음으로 만났을 때

A: 낚시를 좋아하신다고 들었는데 바다낚시와 민물낚시 중 어느 쪽을 좋아하세요?

B: 예전에는 민물낚시를 주로 갔는데 요즘은 바다로 많이 갑니다.

A: 예, 그러시군요. 얼마나 자주 가세요?

B: 한 달에 두 번 정도 갑니다.

A: 저도 낚시를 배우고 싶은데, 좋은 장비를 구입하는 요령이 있나요?

B: 말로는 설명이 어렵고, 언제 전화 주시면 같이 가 드리죠.

먼저 개인적인 이야기를 꺼내면
상대는 이에 편승하게 된다

첫대면에서 아직 마음을 열지 않은 상대와 이야기할 경우, 먼저 개인적인 이야기를 하면 상대도 자신의 이야기를 적극적으로 하게 된다.

이것은 타인으로부터 속마음을 듣게 되면, 자신도 상대에게 맞춰 속마음을 이야기해야 할 것 같은 분위기가 되기 때문이다. '이 사람은 나에게만 개인적인 얘길 해주는 것인지도 몰라. 그 정도 신뢰해 준다면 신중히 이야길 들어보자. 나도 사적인 얘길 해볼까' 하는 마음이 들게 된다.

속마음이나 개인적인 취미·체험 등을 다른 사람 앞에서 피력하는 것을 심리학에서는 '자기 개시自己開示'라고 부른다.

자기 개시를 하면 여러 가지 심리적 효과를 기대할 수 있는데, 그 하나가 상대와 나의 심리적인 거리를 줄일 수 있다. 다시 말해서, 개인적인 화제를 꺼내는 것으로 상대에게 신뢰감을 갖고 우호적인 인간관계를 맺으려는 마음이 생긴다.

두 번째 효과는, 이미 이야기 내용에 공감할 경우, 상대가 '이 사람도 나와 같은 타입의 인간일 거야' 라는 친근감을 갖게 된다.

그러므로 상대가 쉽게 입을 열지 않아 대화에 활기가 없다면 "사실 저는 시계를 모으는 취미가 있습니다만……"처럼 먼저 자신의 취미 이야기를 꺼내거나, "이번에 집에 컴퓨터를 놓으려고 하는데, 어떤 것이 좋은지 몰라 망설이고 있어요"와 같은 개인적인 체험 따위를 이야기하면서 상대의 대답을 재촉하면, 그에 대한 감상이나 생각을 들려줄 것이다.

거기서부터 그 사람의 취미나 관심거리를 감지해, 속마음을 이야기할 수 있는 화제를 찾아내자.

좀처럼 말문을 열지 않는 사람을 만났을 때
"이사를 해야 하는데 어디로 가야할지 고민입니다. 지금 사시는 데는 어떤 가요?"
"고향에 저 나무가 많았는데 늘 거기서 놀았어요."
어디까지나 내가 아니라 상대의 말문을 열게 하려는 것임을 잊지 말아야 한다. 자기 개시와 자기 말만 하는 것은 전혀 다르다.

맞장구는
대화를 촉진시킨다

대화에서 가장 중요한 것은 무엇인가? 이를 밝혀내기 위해 심리학에서는 오랜 시간 동안 여러 가지 실험과 고찰을 해왔다. 그 결과, 무엇보다 중요한 것 중 하나로 말을 거는 쪽의 태도가 꼽혔다.

대체 어떤 태도로 이야기를 걸어야 상대가 마음을 열고 이야기할 것인가?

한 실험에서 다음의 네 가지 상황을 설정했다.

① 고개를 끄덕이거나 맞장구를 치면서 이야기를 듣는다.

② 상대의 몸에 가볍게 접촉하며 의자에 앉아, 고개를 끄덕이거나 맞장구를 치면서 이야기를 듣는다.

③ 상대가 이야기하기 전에 먼저 자기 자신의 일을 이야기하고, 상대의 이야기에 고개를 끄덕이거나 맞장구를 치면서 듣는다.

④ 상대의 몸에 가볍게 접촉하며 의자에 앉아, 상대가 이야기하

기 전에 자기 자신의 일을 이야기한다.

이 네 가지의 상황은 모두 상대가 이야기하기 쉬운 분위기를 만드는 것인데, 그 중에서도 가장 적극적으로 상대가 자신의 이야기를 한 것은 ④의 경우였다.

여기에서 다음과 같은 결론을 이끌어낼 수 있다.

첫째, 고개를 끄덕이거나 맞장구를 치는 것이 대화의 촉진제가 된다.

둘째, 상대를 만났을 때 상대의 몸에 가볍게 접촉하는 등 친애의 마음을 표시하면, 대화를 보다 활기찬 분위기로 이끄는 데 도움이 된다.

이상의 실험은 미국의 예이므로 동양의 정서에 들어맞지 않을 수도 있다. 유럽인이나 미국인의 경우, 첫대면에서 악수를 하고 어깨 등을 가볍게 만지는 것은 친애의 마음을 표시하는 행위로 매너의 하나라고도 말할 수 있다. 하지만 동양의 경우는 그렇지만도 않다. 첫대면에서 악수를 청하는 것은 보통이지만 어깨를 만지는 행동은 '지가 정치인이야, 연예인이야? 아니꼬운 녀석 같으니……' 라는 부정적인 인상을 갖게 할 수도 있다.

하물며 '언제나 힘든 일만 부탁해 미안하군' 이라는 위로와 치하의 마음에 여성 사원의 어깨라도 가볍게 터치할라치면 성희롱이라는 소리마저 들을 수도 있다. 친애의 마음을 표시하는 '터칭' 이라는 것이 현재 동양인들끼리의 커뮤니케이션 분위기 메이킹에 반드시 플러스 요인이라고 할 수는 없는 듯하다.

그러나 '와' '아, 그래요' 등의 끄덕임이나, '지당하신 말씀!' '그래서요?' 등의 맞장구가 대화를 촉진시키는 것은 동양도 마찬가지이다.

중요한 것은 '흥미 있는 이야기군요. 좀 더 들려주세요'란 마음을 담아서 고개를 끄덕이거나 맞장구를 치는 일이다.

몸을 내밀고, 미소 짓고, 머리를 갸웃거리는 등, 터칭을 하지 않아도 친애의 마음을 표시하는 일은 충분히 가능할 것이다.

Self Tip!
상황
토크

대화를 활기차게 이끌고 싶을 때

"정말 그렇군요."

"그래서 어떻게 됐어요?"

"맞아요. 저도 그래요."

공통점은 상대와
깊은 연대감을 만든다

상대의 마음을 끌어내기 위해서는 먼저 상대와의 공통점을 발견하고, 그것을 실마리로 친밀한 관계를 만들어가는 것이 효과적이다.

그런 의미에서 '저도 그래요'라는 말은 키워드가 된다.

예를 들어, 상대가 낚시를 좋아한다면 "저도 그렇습니다"라고 상대에게 알린다. 양쪽 다 스포츠 피싱을 하고 있다면, 이야기의 공통점도 많을 것이고 화제가 끊이지 않을 것이다. 만약 바다 낚시와 계곡 낚시로 다르다고 해도, 고기를 낚을 때까지의 여러 가지 기술이나 고생, 고기를 낚았을 때의 기쁨 등 자신이 알고 있는 것을 풀어놓는 것만으로 상대의 공감을 부른다. 다시 말해 '저도'라는 한마디가 처음 만나는 타인들 사이에서 공통의 연결고리를 만드는 다리 역할을 하는 것이다.

공통의 연결고리를 찾아내기 위한 화제 찾기는 어떤 것이라도 좋다.

아침은 밥에 된장국인지, 토스트에 커피인지와 같은 일상적인 것이라도 좋고, 같은 세대라면 어렸을 때의 놀이 이야기라든가, 어떤 영화를 좋아하는지와 같은 이야기도 공통점을 찾기 쉽다. 어쨌든 '저도'라고 말할 수 있는 화제를 찾아내면 되는 것이다.

그것이 아무래도 찾기 힘들다면, 상대의 이야기에 동의하면 된다.

"저도 야구를 좋아해요" "저도 와인 고르는 데에는 신경을 좀 쓰지요"처럼, 공감을 표명할 수 있는 것으로 충분하다.

만약 상대의 이야기 중에 찬성할 수 없는 점을 발견했다고 해도 그것을 입에 담는 것은 피하는 것이 좋다. 그보다는, 작은 것이라도 좋으니 찬성할 수 있는 점을 찾아내어, '저도'라고 말하는 것에서 친근감을 만들어나가야 할 것이다.

소개로 처음 만난 여성(남성)과 이야기할 때

A: 어릴 때 블루마블을 하고 놀았어요.

B: 와! 정말요? 저도 굉장히 많이 했어요.

A: 지금도 가끔 하고 싶긴 한데, 같이 할 사람이 없어요.

B: 그러게요. 말 나온 김에 다음에는 보드게임하는 카페에서 만날까요?

A: 네, 좋아요.

실패담이나 결점을 이야기하여
심리적인 거리를 줄인다

상대의 속마음을 끌어내기 위해서는 자기가 먼저 속내를 펼쳐 보일 필요가 있다. 하지만 뽐내듯 자신의 체험담을 이야기하거나 자랑스레 성공담을 이야기한다면 '이 사람은 단지 자랑이 하고 싶은 거 아냐?'라고 생각되어질 뿐이다. 경마나 골프 이야기를 할 때도 이긴 이야기만 한다면 그다지 즐거워하지 않는다.

상대의 흥미를 끌고 친근감을 품게 하는 화제에는 뭐니 뭐니 해도 실패담이 좋다. 자신이 어떤 실패를 하여 주변 사람들에게 웃음거리가 되고 질리게 만들었는가 따위의 경험을 이야기하면, 그곳의 분위기가 온화해짐과 동시에 상대의 자존심을 세워줄 수 있게 된다. 또한 비슷한 실패는 누구에게든 있으므로, 상대에게 공감을 불러일으켜 친근함을 느끼게 해준다.

이야기할 만한 실패담을 가지고 있지 않거나 적당한 실패담이 떠오르지 않을 때엔, 평소에는 그다지 사람들에게 이야기하지 않는 경험이나 자란 과정 따위를 이야기하는 것도 좋을 것이다.

이것을 실천한 것이 제36대 미국 대통령이었던 리든 B 존슨이었다. 존슨 대통령은 처음 만나는 손님이 있으면 일부러 그 손님 앞에서 셔츠를 들쳐 배에 있는 맹장 수술 자국을 보여주었다고 한다. 그리고는 신상에 관해 물어본 것도 아닌데, '나는 가난한 집에서 태어났다'는 이야길 하곤 했다고 한다.

존슨 대통령의 이런 언동은, 미국에서 흔히 말하는 '프렌 포크스(서민성)'를 실천하려고 한 것일 게다. 그 옛날, 역시 미국 대통령이었던 링컨은, 자신이 로그 하우스에서 자랐다는 이야기를 함으로써 대중을 사로잡았고, 그 서민성으로 역대 대통령 중 가장 인기 높은 대통령이 되었다. 존슨 대통령은 그것을 닮고자 서민성을 연출한 것이다.

제39대 대통령이었던 지미 카터도 프렌 포크스를 실천한 사람이다. 카터는 재직 중 자주 그가 경영하는 농원에서 코멘트를 발표했는데, 그 때마다 청바지에 셔츠 같은 편한 차림으로 텔레비전 카메라 앞에 서곤 했다. 격식을 차린 정장이 아니라, 작업복과 같은 청바지 차림으로 대중 앞에 서곤 했다. 물론 사회의 에티켓에는 벗어나는 일이다. 그러나 '나는 일개 농원주입니다. 여러분과 마찬가지지요'라는 카터 대통령의 서민성을 어필하는 데 큰 힘이 되었다.

존슨 대통령처럼 평소엔 타인에게 별로 하지 않는 이야기를 말함으로써 상대에게 공감을 얻을 수 있긴 하지만, 그렇다고 너무 심각하고 우울한 이야기나 뻔히 보이는 말은 금물이다. 듣는 쪽이 어떤 리액션을 보여야 할지 망설일 만한 것은 첫대면의 화제로는 적합하지 않다.

작위적으로 들리지 않도록 주의하면서, 그 장소의 분위기를 부드럽게 할 수 있는 실패담을 피력할 수 있다면, 그것이 궁극의 자기 개시라고 해도 좋을 것이다.

처음 만난 거래처 사람들과 술자리에 갔을 때

A: 죄송합니다. 피곤한지 계속 하품이 나오네요.

B: 하품은 참지 말고 시원하게 하셔야 되요. 저는 참다가 아내랑 헤어질 뻔 했다니까요.

A: 아니, 왜요?

B: 처음 만났을 때 하품 참느라 인상을 썼더니 제가 싫어하는 줄 알았대요. 나중에 그거 설명하느라 얼마나 혼났는지 몰라요.

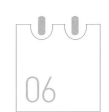

30% 말하고
70% 듣는다

상대의 기분에 거슬리지 않도록 신경을 쓰면서 재미있고 우스운 이야기를 하고 있는데도, 왠지 분위기가 심상치 않다고 느껴질 때가 있다. 그럴 때는, 나 혼자만 신이 나서 이야기하고 있는 것이 아닌가 잠시 생각해 보자.

만약 수다가 너무 지나쳤다고 느꼈다면, "죄송합니다. 제 생각만 이야기해서. 이것에 대해서 어떻게 생각하십니까?" 등으로 '이제부터는 당신의 이야기가 듣고 싶습니다' 라는 태도로 자연스레 상대의 이야기를 재촉하자.

누구든 자신의 의견에 귀를 기울여주는 사람에게는, 자연스레 이야기에 몰입하게 된다. 그 때까지 입을 꾹 다물고 있었던 것은, 상대만 이야기하는 것이 별로 유쾌하지 않았기 때문이었는지도 모르고, 말하고 싶은 것이 있었는데 당신의 수다가 방해를 했을지도 모른다. 이럴 때 듣는 입장이 되어주면 상대는 안심하고 자신의 이야기를 꺼낼 수 있게 된다. 상대와 친근하게 속마음을 이야기하고 싶을 때는, 내가 이야기하기보다는 상대의 이야기를 들어주는 것이 필요하다.

그렇다면, 듣는 것과 이야기하는 것이 어느 정도의 분할이어야 대화가 자연스럽게 이어져 나갈까? 그것은 '듣는 것이 70%, 이야기하는 것이 30%'라고 일컬어지고 있다.

이렇듯 이야기를 잘 들어주는 사람이 되려면 어떻게 해야 할까? 그 기준은 상대에게 '반응'을 전해 주는 일이다. 결혼식 진행같이 여러 사람 앞에서 이야기할 때, 아무런 반응도 하지 않는 청중을 상대로 계속 말하는 것보다 힘든 일도 없다. 도중에 적당히 맞장구를 쳐주기도 하고, 재미있는 곳에서는 웃어주기도 하면 이야기하는 쪽도 훨씬 의욕이 생겨난다.

1대1의 대화도 이와 마찬가지다. 맞장구를 치거나, 때론 몸을 내밀기도 하고 소리 높여 웃으며 "그래서?" "어떻게 된 거야?"라고 중간중간 말참견을 해주면 이야기하는 쪽도 이에 편승하게 된다.

이를 언어나 제스처에 의한 '강화強化'라고 한다. '강화'라는 것은, 무언가의 행동에 좋은 결과를 얻음으로써 그 행동이 더욱 촉진되는 것을 말한다. 다시 말해, 대화 안에 맞장구나 말 곁들임이 첨부됨으로써 더욱 이야기하고 싶다는 기분이 들도록 한다는 것이다. 게다가 이 때 상대에게 미소를 지으면, 상대의 발언을 보다 많이 이끌어내는 데 효과가 있다. 이것을 '미소에 의한 강화'라고 한다.

상대가 신이 나서 이야기를 하고 있을 때

A: 그러니까 내가 군대에서 세 명을 따돌리고 슛을 딱 했어요.

B: 그래서요? 들어갔나요?

A: 그게 문제가 아니라 공이 골키퍼의 얼굴에 맞았다는 게 문제예요.

B: 아니, 왜요?

A: 골키퍼가 연대장이었거든요. 괜찮다고는 하는데 인상이 구겨지더군요.

상대가 애착을 갖는 물건을
칭찬한다

"자네, 입에 발린 소릴
아주 잘하는군"이라는 이야길 들으면 왠지 비방당한 느낌이
든다. '입에 발린 소리'라는 단어에는 부정적인 이미지가 내포되어
있기 때문일 것이다.

입에 발린 소리에는 다소나마 이해관계가 포함되지만, 칭찬한다
는 것은 상대에 대한 거짓 없는 마음이며, 상대와의 커뮤니케이션
에서는 빼놓을 수 없는 요소다.

그러나 첫대면에서, 그 사람을 아직 모르고 있을 때에는 대체 어
디에 눈을 돌려야 좋은 것일까?

칭찬받은 사람이 기뻐할지 어떨지는, 그 일에 대한 자아 관여의
정도가 얼마나 강한지에 의해 결정된다. '자아 관여가 강하다'라는
것은, 가치를 보는 상황이나 자아의 핵심에 관계된다고 간주하고
있는 상황일수록 강한 관심을 가진다는 말이다. 그러므로 될 수 있

는 한 그 사람의 취미나 학습에 대해 정보를 수집해 두면 좋다. 정말 갑자기 만난 사람이라 예비지식이 없을 때는, 그 날의 패션을 관찰하거나 대화 중에서 그가 애착을 갖는 것을 찾아내면 된다.

어떤 사람이든 애착을 갖는 것이 있다. 패션이나 갖고 다니는 물건과 같이 주변의 것부터 라이프 스타일에 관한 것까지, 반드시 한 가지는 있기 마련이다. 그 애착을 칭찬한다는 것은 상대에게 호감을 주는 데 가장 효과적이다.

예를 들어 시계에 애착을 갖는 사람은 "멋진 시계네요" "그거 스위치에서도 귀한 모델이죠?"란 얘길 들으면, '그래, 이 사람은 뭔가 알아. 잘 맞을 거 같군'이란 마음이 된다.

단, 상대의 용모에 대해서 칭찬하는 것은 친해지고 난 다음으로 미루자. 특히 여성의 용모를 화제로 삼으면 '가벼운 녀석'이라든가 '성희롱 아냐?'라고 불쾌하게 생각하므로 주의해야 한다.

칭찬으로 호감을 얻고 싶을 때

A: 가죽 가방이 굉장히 분위기 있는데요.

B: 대학 입학할 때 아버지께서 사주신 거예요.

A: 안목이 있으시네요. 학자 분위기가 나요.

상대의 어투나 몸짓을 흉내 내어
상대의 기분을 좋게 한다

맞장구나 장단 맞춤은 상대의 이야기를 촉진시키는 데 효과적인데, 이러한 행동을 심리학에서는 동조 행동의 하나라고 부르고 있다. '동조 행동' ('싱크로니티' 라고도 불린다)이란 상대의 박자에 자신을 맞춘다는 의미다.

함께 걷고 있는 연인들이나 사이가 좋은 친구들을 관찰해 보면, 점점 두 사람이 같은 보폭, 같은 보조가 되어가는 것을 알 수 있다. 이렇듯 마음이 맞는 사람들끼리는 의식하지 않았는데도 동작이나 말투 등이 자연스레 닮고 만다. 또한 언제부터인지 모르게 말투가 존경하는 상사와 닮아버리는 사람도 있다. 이것이 '싱크로니티' 다.

이를 활용하여 대화 가운데 의식적으로 상대의 말투를 흉내 내면, 어느덧 상대가 기분 좋게 이야기하는 상황이 연출된다.

예를 들어 상대가 온화하고 정중한 어조로 말하는 사람이라면,

자신도 될 수 있는 한 천천히 정중하게 이야기하도록 한다. 상대가 몸짓 손짓으로 표정도 풍부하게 이야기하는 사람이라면, 자신도 가능한 한 그와 비슷한 말투나 태도로 말하도록 노력하자. 그렇게 하면 상대는 친근감을 가짐과 동시에 '이 사람은 내게 맞춰 이야길 해주는군' 이라는 호의를 느끼게 되어 보다 친밀한 대화가 가능해진다.

　물론 뭐든 오버할 필요는 없다. 넘치는 것은 상대에게 오히려 실례가 될 수 있기 때문이다. 조금 흉내 내봐서 상대가 전보다 즐거운 듯 이야기하게 된다면 성공했다고 할 수 있다.

직장상사와 회의를 할 때
A: 그쪽 거래처 분위기는 어떤가?
B: 그쪽 거래처 분위기는 괜찮습니다.
A: 그쪽은 괜찮단 말이지. 다행이군.
B: 네, 다행히도 그쪽은 괜찮습니다.

Chapter 1 **누군가를 처음 만났을 때**

날씨 이야기 한 마디로
상대의 경계심을 푼다

"덥네요" 등과 같은 날씨 이야기가 인사의 화제로서 그다지 적합하지 않다고 생각하는 사람이 많다. '당연한 이야기를 해봤자지' 라고 생각하는 듯하다.

그러나 화창한 봄날 오후에, 어쩌다 공원 벤치에 앉은 모르는 옆 사람과 "날씨가 참 좋네요" "정말 그러네요, 기분이 좋군요"라는 간단한 대화만으로도 마음은 훈훈해진다.

이처럼 계절이나 날씨에 관한 인사는 인간관계에서 중요한 위치를 차지하고 있다. 우선 계절이나 날씨 같은 것은 서로 공통되는 화제이다. 비 갠 뒤의 무지개를 보고 상쾌한 기분이 되는 심정을 똑같이 체험한다면, 그것만으로 상대방과 공통점을 갖게 된다.

인간에게는 미지의 것이나 새로운 것을 만났을 때, 그것으로부터 멀어지려고 하는 자기 방어 본능이 있다. 자신이 아직 잘 모르는 것, 경험한 적이 없는 것 등에 대하여 본능적인 위험을 느끼고, 그

것으로부터 도망치려고 하는 것이다. 따라서 첫대면의 사람과 만났을 경우, 쌍방 모두 긴장하며 경계심을 품게 된다.

하지만 상대와 무언가 공통점을 발견하게 되면, 그것을 계기로 경계심을 풀 수 있다. 공통점은 호의를 품기 위한 조건의 하나인 것이다.

소설이나 드라마 안에서도, 거리를 걷다가 갑자기 소나기를 만나 비를 피하려고 처마 밑으로 들어온 사람들끼리 "이런 낭패로군요, 소나길 다 만나다니……"라는 한마디로 급속하게 친해진다는 설정이 가끔 보인다. 소설가나 시나리오 작가 들은 날씨 이야기가 갖는 의미며 역할을 잘 알고 있는 것이다.

조금씩 심리적인 거리를 줄이는 것의 유효성을 심리학에서는 '스몰 스텝스(작은 계단의 법칙)'라는 개념으로 설명한다. 인간관계를 맺을 때, 단번에 가슴을 연 사귐이 가능하진 않다. 한 계단 한 계단을 올라가야 비로소 높은 곳에 도달할 수 있는 것처럼, 인간관계도 스몰 스텝스를 밟음으로써 친해질 수가 있다. 그 퍼스트 스텝으로서 걸맞는 화제의 하나가 날씨인 것이다.

"덥네요"라든가 "오늘은 날이 차네요" 같은 인사를 가끔씩 나누어 얼굴을 익히면, "자주 뵙는 걸 보니 이 근처 사시나 봐요"라든가 "언제 시간 있으실 때 차 한 잔 어떻습니까" 하고 말을 걸거나 데이트 신청을 한다고 해도, 상대에게 노골적인 경계심을 불러일으키는 일은 거의 없다.

이것은 일상의 인사도 마찬가지이다.

'안녕하세요'라는 사심 없는 인사가 서로의 경계심을 푸는 스몰 스텝스의 한마디가 될 수 있는 것이다.

커피숍에서 마음에 드는 여성을 만났을 때

A: 정말 날씨가 따뜻해졌죠?

B: 네, 그러네요.

A: 이런 날씨에는 아메리카노가 좋겠죠?

B: 네, 정말 잘 어울리겠네요. 준비해 드리겠습니다.

동료의식에 호소하면
급속히 가까워진다

별로 친하지 않는 사람과 대화를 나눌 때, 취미나 여가 활동 외에 보다 일상적이며 공통점을 얻기 쉬운 것으로 출신지나 출신교에 관한 화제가 있다.

처음 만난 사람에게 "어느 지방 출신이십니까?"라고 묻는 것은, 이를 계기로 좀 더 이야기에 활력을 불어넣으려는 의도라고 보면 된다.

처음 만난 사람에게 출신지를 묻는다는 건 출신 지역이나 국적의 차별로 연결된다고 하여 미국이나 유럽의 사교계에서는 터부시되므로 주의가 필요하지만, 동양 문화에서 그것이 실례가 되는 일은 없다.

미국이나 유럽에서는 "혈액형이 뭡니까?"라는 질문을 인종 차별로까지 받아들이는 경우가 있다. 그러나 우리 문화에서 처음 만난 사람에게 "혹시 O형 아니세요?" 같은 화제를 꺼내는 것은, 'A형은

성실하다'든가 'A형 남성과 O형 여성은 궁합이 잘 맞는다'는 등, 혈액형에 의한 성격 판단이라는 비교적 보편화된 화제를 대화의 도화선으로 삼고 싶기 때문이다.

"어느 지방 출신이십니까?"라고 물었는데, 만약 같은 지방 출신이라면 화제가 끊이질 않는다. 예를 들어 같은 고치高知현 출신인 걸 알았다면, "도쿄에서는 가츠오(가다랭이) 회 양념으로 파와 생강을 쓰지만, 역시 양파를 써야 제맛이지요" "맞아요, 고치高知에 가면 어머니가 늘 상에 내주시지요" 등과 같이 먹는 이야기 하나만으로도 충분히 즐거워진다. 처음 만난 상대라고 해도 경계심이 없어지고 친근감을 품게 되는 것이다.

만약 상대가 모르는 지방의 이름을 대더라도 "아, ○○씨와 같은 고향이군요?" "어떤 특산물이 있더라?"와 같이, 받아들이는 자세로 대꾸함으로써 상대에게 관심을 가지고 있음을 표시할 수 있다.

출신지 외에 출신교도 처음 만난 사람과 급속히 의기투합할 수 있는 공통의 화제가 되기 쉽다. 같은 학교의 선후배 사이라는 것을 알게 되면, 방금 전만 해도 남이었던 사이가 "선배님이라고 불러도 되겠습니까?" "암, 그래야지" 하고, 순식간에 이전부터 알고 지낸 듯한 관계로 발전하는 수가 있다. 세일즈맨 등이 "○○씨는 △△대 졸업생이시라면서요? 저도 그렇습니다"와 같은 수법으로 말을 붙여오는 것도, 동료의식이 사람과 사람을 무조건적으로 친하게 하는 현상을 잘 알고 있기 때문이다.

단, 출신교를 화제로 삼는 것이 실례가 되는 경우도 있다. 그 사람에게 학력이나 출신교가 콤플렉스인 경우가 그렇다. 이를 위해서라도 상대의 약력은 어느 정도 사전에 조사해 두는 것이 바람직하다. 만약 지장이 있을 듯이 느껴진다면 그런 화제를 이쪽에서 꺼내는 일은 피하는 것이 좋다.

단 "내 고마바(도쿄대 캠퍼스가 있는 지명) 시절은……"이라든가 "지금 장관으로 있는 ○○는 내 동기로……"와 같이, 대화 안에서 출신교를 넌지시 비추는 사람의 경우는 물어도 실례가 되지 않는다. 오히려 물어봐주길 바란다고 생각하여 바로 화제로 삼는 편이 '눈치가 빠르군' 하고 호의를 갖게 한다.

Self Tip!
상황
토크

거래처 담당자가 바뀌었을 때
A: 이전 담당자와 고향이 같다고 들었습니다.
B: 예, 회사에서 고향 선배를 만나니 반갑더군요.
A: 제 부모님 고향도 그쪽입니다. 산이 굉장히 아담하다고 하시더군요.
B: 네, 산도 아담하고 강도 아담한 곳입니다. 살기 좋은 곳이지요.

11

상대의 이름을 대화 안에 넣으면
친한 관계가 구축된다

텔레비전이나 라디오를 보면, 모르는 사람에게 "할머니는……" "어머니는……" 하고 마이크를 갖다 대는 인터뷰가 많다. 사실 이것은 처음 본 사람을 이야기로 끌어들이는 테크닉의 하나이다.

'할머니' 라든가 '어머니' 와 같은 호칭은, 보통은 친한 관계에서 행해진다. 따라서 그런 호칭으로 첫대면의 벽을 허물고 친근함을 조성하려는 것이다.

'당신' 이라는 단어는 어느 정도 격식을 차리는 어려운 뉘앙스가 있고, 심리적으로도 거리감을 느끼게 한다. 이를 상대의 이름으로 대신하면, 이름이 불린 사람은 친근함을 느낀다.

대화 가운데 상대를 부를 때도 '그쪽은' 이라든가 '당신은' 이라고 하기보다는 '다나카 씨는' 이라는 고유명사인 편이 좋은 인상을 주는 경우가 많다. 이름으로 말을 붙이면, 상대는 '내게 관심이 있나

보군, 좀 더 주의해서 이야길 들어야지'라는, 친근함과 동시에 이야기 내용에 대한 주의력도 높아진다.

따라서 처음 만나는 경우에는, 그 사람의 명함을 잘 보이는 곳에 놓아두고 기회 있을 때마다 "이런 결과가 나왔습니다만, 스즈키 씨는 어떻게 생각하십니까?" "사토 씨의 경우는 어떻습니까?"와 같이 이름을 넣어가면서 이야기를 하면 좋다.

그러나 너무 빈번하게 이름을 부르면 불쾌하게 느낀다.

한 심리학 실험에서, 첫 만남의 남성과 여성에게 15분간 이야기하도록 하였다. 남성 쪽에는 미리 "상대 여성의 이름을 빈번하게 대화에 넣도록 하십시오" 하고 부탁해 놓았다.

그 결과, 여성이 가장 좋은 인상을 받은 것은, 2분에 한 번 정도의 꼴로 자신의 이름이 불릴 때라는 것이 밝혀졌다. 이보다 많을 때는 '너무 친한 척한다'든가 '이 사람은 좋은 인상을 주려고 자신을 연출하고 있는 게 아닐까' 하는 의심을 가졌다고 한다.

대화 가운데 자연스런 타이밍으로 상대의 이름이 나오도록 하는 것은 친근감을 증폭시키는 회화 테크닉이라고 할 수 있겠다.

Self Tip!
상황 토크

이제 막 명함을 주고받았을 때

A: 아, 건설 쪽 일을 하시는군요. 그쪽은 경기가 어떤가요?

B: 뭐, 다 비슷하지요.

A: ○○ 씨는 언제부터 그 일을 하셨어요?

B: 한 10년 됐습니다.

12

나란히 앉아 이야기를 걸면
속마음을 털어놓기 쉽다

사람의 속마음을 끌어내
기 위해서는, 말의 내용은 물론 어떤 상황에서 이야기를 꺼내는가
도 중요하다. 여기서 주목할 것은 상대와 내가 있는 위치에 따라 상
대가 속마음을 말하기 쉽게도 어렵게도 한다는 점이다.

서로 얼굴을 마주하고 정면에 앉아 이야기할 때는, 시선이 정면
으로 부딪히기 때문에 긴장하거나 주저하여 하고 싶은 말도 할 수
없다는 심리가 작용한다.

한편 상대와 내가 같은 방향을 볼 때, 즉 옆에 나란히 앉는 경우
는 눈을 맞추고 이야기하지 않아도 되므로 긴장이 완화되어 솔직한
이야기가 쉽게 나온다.

이것은 정신과 의사인 프로이트가 이용한 방법이기도 하다. 프로
이트는 진찰할 때, 환자를 부드러운 소파에 앉혀 긴장을 풀게 한 다
음, 자신은 그 소파 뒤의 의자에 앉아 환자에게 말을 걸었다. 의사

의 얼굴이 보이지 않는 편이 환자가 릴랙스 상태를 유지하여, 솔직
하게 자신의 이야기를 할 수 있다고 생각했기 때문이다.

　서로 얼굴을 마주 보고 확실히 말하는 것으로 상대가 상처 입거
나 내가 상처 입을 위험이 있는 경우에는, 상대의 옆에 앉거나 뒤에
서거나 하여 같은 방향을 보면서 "저는 이렇게 생각하고 있는데, 당
신의 마음을 들려주시겠습니까?"라고 조용히 말을 걸어보는 것도
좋다.

나에게 화가 난 애인(친구)과 화해할 때
상대의 옆자리에 앉은 다음에
A: 무엇 때문에 화가 났는지 말해주면 고치도록 노력할게.
B: 고친다기보다는, 내가 가족 이야기에는 민감해서 그런 것 같아.

상대의 마음을
끌어들여 내 편으로
만들기 위해서는

한 번 더 물어보면
닫힌 마음이 열린다

아직 그리 친하지 않은 사람이라도 기운이 없어 보이거나 걱정거리가 있는 듯하면 "무슨 일이라도 있어요?" 하고 말을 걸고 싶어지는 것이 인지상정이다. 그러나 "아, 아무것도 아니에요"라는 대답이 돌아오는 순간, 더 이상 묻지 않는 사람이 많다. 더구나 요즘에는 남의 일에 그다지 깊이 관여하고 싶지도, 관여 받고 싶지도 않다는 것이 대인관계의 상식이 되어가고 있다. 따라서 한층 그런 경향이 강해지고 있을 것이다. 하지만 그렇기에 오히려 한 발 더 내딛는 것이 상대의 마음을 끌어당기는 찬스가 된다.

그러므로 '아무것도 아니에요'라는 거부의 대답이 돌아오더라도, 오히려 한 발 다가가서는 "정말 괜찮은 겁니까? 아무래도 걱정이 돼서……"라고 물어보는 것이 좋다. 이로써 굳게 닫혀 있던 마음의 문이 열릴 수도 있다.

물론 말을 건다는 것은, 상대가 고민하고 있는 일을 자기 일처럼 들어줄 각오 없이는 안 된다.

원래 무언가 고민을 가지고 있는 사람이나 무언가 때문에 상처 입은 사람은, 강한 프루스트레이션(욕구불만)을 품고 있다. 또한 내심으로는 이 프루스트레이션을 누군가의 도움으로 해결하고 싶다고 생각하고 있다.

그럴 때에 "무슨 일이야?"라는 한마디를 건네주는 사람에게 고맙다는 생각은 하지만, 아무도 내 고민을 이해해 주지 못할 거라는 생각에 자포자기하는 마음이 더 크다. 그러나 재차 물어오면, '이렇게 열심히 들어주려 하는데……' 하는 마음이 들게 된다.

물론 고민을 털어놓는 것으로 고민이 해결되는 것은 아니다. 그러나 누구라도 경험한 바가 있듯이, 고민이란 다른 이에게 이야기함으로써 반 정도는 해결된 듯한 기분이 된다. 이것은 자신의 이야기를 들어주는 사람이 있다는 것 자체가 자신은 아직 버림받지 않았다, 고독하지 않다, 자신의 존재가 사회적으로 인정받고 있다는 등의 마음을 불러일으키기 때문이다. 게다가 고민을 털어놓는 것으로 쌓여 있던 감정을 토해낼 수도 있다. 이것이 어느 정도의 카타르시스(정신적 정화)가 된다.

사람은 고민하고 있을 때만큼 다른 이로부터의 도움이 간절할 때가 없다. 그러한 때, 자상한 말을 반복해서 호의를 내보이면, 그 사람의 마음을 끌어당길 수 있게 된다.

Chapter 2 상대의 마음을 끌어들여 내 편으로 만들기 위해서는

직장동료의 표정이 어두울 때

A: 무슨 일 있어? 안색이 나빠 보이는데….

B: 아냐, 아무것도. 좀 피곤해서.

A: 정말 괜찮은 거야? 내가 술 한 잔 살까?

B: 그게…, 사실은 말이야, 어제 부장님이 나한테….

상대의 장점을 대화 안에서
자연스럽게 흘린다

누구라도 싫은 사람과는
사귀고 싶지 않다. 그러나 종종 껄끄러운 타입의 인간이 상사나
동료가 되기도 한다. 괴로운 건, 어느 쪽이라도 좀 안 맞을 것 같다
는 의식을 가지고 있으면, 상대도 마찬가지인 경우가 많다는 것이
다. 이대로라면 아무리 시간이 지나도 좋은 관계를 만들어나갈 수
없다.

껄끄러운 상대의 마음을 내 쪽으로 끌어당기기 위해서는 결심
을 하고 상대에게 호의를 보이도록 한다. 그렇게 하면 호의를 받
은 상대도 호의를 가지게 된다. 이것을 '호의의 반보성返報性'이라
고 한다. 그러므로 우선해야 할 것은 껄끄러운 상대에게 '나는 당신
을 인정하고 있습니다. 당신의 좋은 점을 알고 있습니다' 라는 정보
를 일단 발신해 보는 일이다. 싫은 사람을 인격적으로 좋아하게 되
는 것은 어려운 일이지만, 그 사람의 한 부분에 한해서라면 호의를

갖거나 평가하는 일이 가능할 것이다. 어떤 사람이라도 잘 관찰하면 '이거라면 평가해 줄 만하다'는 부분이 반드시 있기 마련이다.

예를 들어 껄끄러운 타입이 상사가 되었다고 하자. 동료들과의 술자리에서 그 상사의 험담을 한 일이 있다면, 그것이 그의 귀에 들어가지 않았다고는 장담할 수 없다. 그 때문인지 꼬집어 말할 수는 없어도 상대의 태도도 냉담하게 느껴진다.

이럴 때는 우선, 그의 좋은 점을 발견하도록 노력하자. 그리고는 "과장님 체력은 정말 대단해" "그래 봬도 아주 작은 일에 배려할 줄 안다니까" 따위의, 좋다고 생각했던 일을 동료들 간의 대화 안에 슬쩍 던져 넣도록 한다. 이것이 언젠가는 상대의 귀에 들어가서, 들은 상대는 놀라면서도 '그 녀석이 나를 인정해 주는 건가?'라고 생각하게 될 것이다. 그렇게 보인 호의에 대해 상대도 응하려고 하게 된다. 그렇게 되면 껄끄러운 상대라도 내 편이 되어줄 것이 틀림없다.

중요한 건, 진심으로 자신이 생각한 것을 입으로 옮기는 일이다. 생각난 대로 말뿐인 칭찬을 늘어놓으면 '그렇게 생각하고 있지도 않은 주제에' '재수 없는 녀석' 하고, 상대뿐만 아니라 그 말을 들은 동료들로부터도 신용 받지 못하게 되어 오히려 역효과를 낳는다.

좋아하는 모임에 싫어하는 친구가 있을 때

A: 오랜만이야.

B: 역시 이 친구는 시간 약속 하나는 확실하게 지킨다니까.

A: 그거야 너도 마찬가지지. 전보다 얼굴이 더 좋아졌네.

B: 그런가? 고마워.

가까이 있는 사람에게
감사의 말을 잊지 않는다

이웃사촌이라는 말도 있듯이 근처에 살고 있는 사람, 사무실 옆자리에 앉은 사람에게는 친근감을 품는 경우가 많아서, 여차할 때는 내 편이기를 바란다.

짐 발드라는 심리학자는, 호의라는 감정이 생겨나기 위한 네 가지 조건을 제시했다.

첫 번째는 '외견성外見性'으로 겉모습이 마음에 드는 사람에게 호의를 갖는다는 것. 두 번째는 '근접성近接性'으로 가까이 있는 사람에게 친근감이며 호의를 느낀다는 것. 세 번째는 '유사성類似性'으로 자신과 닮았다고 생각되는 사람에게 호의를 느끼는 것. 네 번째는 '상보성相補性'으로 자신에게 없는 것을 가지고 있는 사람에게 호의를 느낀다는 것이다.

가까이 있다는 것은 서로 친해지기 위해 필요한 조건인 것이다.

대학 기숙사에 들어간 대학생들이 어떻게 사람과 친해지는가에 대한 페스팅거의 유명한 조사가 있다. 그에 따르면 맨 처음에는 방이 근접해 있는 사람들끼리가 친해지지만, 시간이 지남에 따라 생활 습관이며 취미 따위가 비슷한 사람들끼리 사이가 좋아진다고 한다.

물리적으로 가까이 있는 사람과 계속해서 호의적인 관계를 유지하기 위해서는, 가까이 있기에 파생되는 무례함을 없애야 할 것이다. 무심코 가볍게 무언가를 부탁한다든가, 해주는 것을 당연하게 여기는 듯한 얼굴을 하지 말고, '고마워' '미안해' 와 같은 감사나 미안한 마음의 표현을 잊지 말고 건네도록 하자.

가까이 있는 사람만큼 한 번 문제가 생기면 계속 꼬여버리는 경우도 없다. 매일 매일의 작은 마음 씀씀이 가까이 있는 사람을 내 편으로 만들게 한다.

옆자리의 동료가 전화를 대신 받아주었을 때

A: 핸드폰을 깜빡 잊었네. 기다리던 전화였는데, 고마워.

B: 뭘 그냥 외근 나갔다고 한 것뿐인데.

A: (그렇지 않았더라도) 자네가 굉장히 친절하게 알려줬다고 하더군. 고마워. 밥 한번 살게.

짧게 자주 만나는 것으로
친근감을 만든다

누구라도 '이 사람이 내 편이 되어주면 마음 든든할 텐데'라고 생각하는 사람이 주변에 있을 것이다. 그러나 상대가 손윗사람이거나 거래처 사람일 경우는 친해지고 싶어도 여간해선 편안하게 말을 걸 수 없다. 그럴 때 실천해야 할 것이 "이 근처에 온 김에" 하고 빈번하게 얼굴을 내미는 일이다. 상대가 바쁜 듯하거나 반응이 냉담할 때는 "오늘은 이만 실례하겠습니다"라며 스마트하게 자리를 떠주는 것도 잊어서는 안 된다. 횟수를 늘여가는 사이 알게 모르게 상대는 친근감을 가지게 되어 한동안 얼굴이 보이지 않으면 '어째 조용하네, 무슨 일이라도 있나?' 하고 신경을 쓰게 된다.

"여기 근처까지 와서요"라는 말은 상대에게 부담을 주지 않는다. '당신을 만나려고 일부러 시간 내서 온 거예요' 같은 강요의 말이 아니기에 사용하기 쉽다.

또한 적은 횟수로 긴 시간을 만나기보다, 시간은 짧지만 횟수가 많은 편이 근접성의 법칙에 효과가 크다. 다시 말해서, 3분씩 열 번 만나는 것과 10분씩 세 번 만나는 것 중에는 전자 쪽이 친밀도가 늘 어나기 쉽다는 것이다.

'여기 근처까지 와서요'는 이를 위한 걸맞은 구실이 된다.

가까이 지내고 싶은 학교 선배가 있을 경우

A: 선배님, 안녕하셨어요.

B: 어, 자네가 웬 일인가?

A: 근처 거래처에 왔다가 얼굴이나 뵐까 하구요.

B: 아, 그런가. (별다른 응대가 없거나 바빠 보이면)

A: 얼굴 뵀으니까 이만 가보겠습니다. 다음에 또 뵙겠습니다.

만남을 제의할 때는
시간을 두고 반복한다

친해져서 내 편이 되어 주었으면 하고 바라는 상대에게 "한번 시간을 내주시면 조용히 드리고 싶은 말씀이 있습니다만"이라고 청했건만 "그래요, 언제 한 번"이라는 기약 없는 답을 들으면 내심 낙담하게 된다. 그러나 바로 포기해서는 안 된다. 대부분의 경우, 어느 정도 날짜를 두고 다시 한 번 이야기를 해보면 받아들여지기 때문이다.

무언가에 대한 설득이나 제의를 하고, 그 뒤에 아무런 액션 없이 얼마 동안 그대로 놓아두면, 상대방 쪽에서 태도의 변화를 일으키는 수가 있다. 즉, 상대의 제의를 조금은 받아들여볼까 하는 생각이 들기도 한다는 것이다.

이것은 홉란드와 와이스가 행한 대인사회심리학의 조사에서 입증된 것으로, 맨 처음의 정보가 주어진 다음 그 상태로 시간이 지나면, 주어진 정보에 대한 견해에 변화가 온다고 한다. 그들이 관측한 바로는, 4주가 지나자 가장 많은 변화가 나타났다고 한다.

다시 말해, 상대에게 받은 정보와 상대의 인상이 분리되어 정보만을 반추하던 중에, 허용해도 괜찮지 않을까라는 마음으로 변화해 간다는 것이다. 단, 이 실험은 맨 처음 신청자의 정보가 별로 없는 것이 전제이다.

"한번 시간을 내주세요"라고 제의를 받은 상대는, '바쁘기도 하고, 일부러 시간 내서 이야기할 필요는 없겠지'라고 생각한다. 그러나 그 후 수주일이 지나도 아무런 연락이 없는 상태가 되면, '그 사람은 뭔가 생각이 있어서 그런 얘길 꺼냈을 텐데' 하고 고쳐 생각하기 시작한다.

그런 시기에 다시 한 번 "제발 부탁드립니다"라고 이전보다 좀 더 강한 자세로 반복하여 제의하면, '그렇게까지 말한다면야 시간을 쪼개어 이 사람 이야길 좀 들어볼까' 하는 마음이 든다.

여기서 중요한 것은, 자신의 제의에 대한 상대의 답을 성급히 구하려고 하면 안 된다는 점이다. 또한 상대와의 접촉을 어느 정도의 기간 동안 완전히 끊는 것이 필요하다. 그렇게 시간이 경과한 다음 다시 한 번 의뢰할 때는 전보다도 강한 자세로 말해 본다.

'민다' '당긴다' '강하게 민다'와 같은 순서로 자신의 이야기에 상대를 끌어당기는 것은, 상대가 이성이든 동성이든 상관없이 효과가 있다. 일로서든 사적인 용무로든 실천해 볼 가치가 있다.

마음에 드는 이성이 데이트를 거절했을 때

A: 한 달 전에 전화 드렸던 ○○입니다. 요즘도 바쁘세요?

B: 아, 네….

A: 제가 다음 주 토요일 영화표 2장을 예매를 두었는데 같이 가시죠.

B: 다음 주는 일이 있고, 이번 주도 괜찮으세요?

상대가 도움을 받는다는 느낌이
들지 않도록 한다

일을 끝내고 슬슬 가볼까 싶은 마음에 슬쩍 옆자리를 보니 동료가 아직 열심히 일을 하고 있다. 잔업이 되는 것은 불 보듯 뻔한 일이다. 남이 곤궁에 처해 있는 것을 본 순간, 그를 도와주려는 행동은 그 사람과 친한 관계를 만드는 계기가 된다.

내가 도와주어 조금이라도 그 사람의 일이 빨리 끝날 수 있다는 생각이 든다면 순순히 돕겠다는 의사를 표현하는 것이 좋다. 이 때, 그 말하는 투가 문제다.

"아직 시간 좀 걸릴 거 같은데, 내가 도와줄까?"라는 말투로는, 무언가 베푼다는 뉘앙스를 상대에게 느끼게 한다.

상대는 '사실은 싫지만, 못 본 척할 수 없으니 도와준다'라는 정신적인 부담을 느껴서, 그렇다면 더욱 빚질 필요가 없다는 마음이 된다.

이럴 때는 "같이 해요"라고 말하는 편이 훨씬 스마트하며, 상대에게 마음의 부담을 주지 않는다.

이 말에는, 도와주는 것이 강제나 억지가 아니라 자신의 자발적인 의지라는 것을 이미지화시키는 효과가 있다. 또한 '별 거 아니니까 신경 쓰지 마' 라는 뉘앙스도 전할 수 있다. 이렇게 되면 상대도 마음 가볍게 도움을 청할 수 있고, 과장된 태도가 아닌 가벼운 도리로 도와줌으로써 고마움은 배가 될 것이다.

"내가 대신 갔다와줄게" "시간 있으니까 내가 해줄게" "다른 사람한테 부탁해 줄게" 등, 우리들은 무의식중에 'ㅇㅇ해줄게' 라는 말을 쓰는 경향이 있다.

어떤 말을 사용해야 자신의 호의가 사심 없이 전달되어질까를, 듣는 입장이 되어 다시 한 번 생각해 볼 필요가 있다.

동료가 회의 자료를 만들고 있을 때

A: 끝나려면 아직 멀었나?

B: 거의 끝났는데, 양이 많아서 스탬플러 찍는 게 문제군.

A: 자네가 분류를 해주면 찍는 건 내가 하겠네.

울적할 때의 위로 한마디로
상대의 마음을 구한다

1995년 1월에 일어난 한 신阪神 대지진의 피해자들은 '어려울 때 친절하게 대해준 사람이야말로 생애의 친구가 된다' 라는 중국 속담을 뼛속 깊이 실감했다고 한다.

사람은 곤궁에 처하거나 자신감을 잃었을 때 누군가 호의를 보이거나 친근하게 말을 걸어오면, 그것이 아주 사소한 일이라도 온몸으로 기쁨을 느낀다.

미국의 한 대학에서 성격 테스트를 하기 위해서 여학생들을 모았다. 여학생들에게 성격 테스트를 실시하고, 그 결과를 알려준 다음에도 주최 측은 다른 테스트가 있다는 이유를 대 여학생들을 강당에서 기다리게 했다. 대기 시간에 아르바이트로 고용한 바람잡이 남학생이 여학생들에게 말을 건넸다. 그리고는 나중에 여학생들에게 그 남학생에 대한 인상을 물었다.

그러자, 처음의 성격 테스트에서 '미성숙하고 견실하지 못하다. 반사회성이 있다' 등과 같이 그다지 좋은 평판을 얻지 못해 기분이 침울해져 있는 그룹 쪽이 '어른스럽고 독창성이 있다'와 같이 칭찬받은 그룹보다도 남학생을 높이 평가해 주었다.

생각한 대로 일이 진행되었을 때는 물론이고, 운이 깃든 때 등 그것이 자신의 힘과 관계없이 얻어진 것이라 할지라도 사람은 스스로가 우수한 인간이라는 자신을 갖는다.

그럴 때에는 자신의 가치에 걸맞은 상대와 사귀고 싶다고 생각하는 경향이 있다. 이 때문에, 본 적도 없는 타인이 어느 정도 호의를 보인다고 해서 그것을 환대하는 마음으로 받아들이지는 않는다.

한편, 실수를 하여 심하게 혼이 났다든가 불행한 일이 닥쳐왔다든가 하는 자신감을 상실한 상태에 처했을 때는, 타인에게 자신의 가치를 인정받고 싶다든가 칭찬받고 싶다고 생각하게 된다. 이른바 '비오는 날 버려진 개' 꼴이다. 이럴 때에는 다른 사람에게 받은 칭찬이나 위로를 보통 때보다도 과대평가해 버린다.

이와 같이 침울해져 있을 때 자신의 가치를 인정해 준 상대에게 호의를 갖기 쉬운 것을 '자존自尊의 논리'라고 한다.

친해지고 싶다, 마음을 얻고 싶다고 생각한 사람이 울적해져 있는 것 같으면, "뭔가 제가 할 수 있는 일이 없을까요?"라고 말을 걸어보자. 이런 단순한 한마디가 '무슨 일 있어요?' '괜찮습니까?' '당신을 걱정하고 있어요' '내가 할 수 있는 일이라면 뭐든지 할게

Chapter 2 상대의 마음을 끌어들여 내 편으로 만들기 위해서는

요' 등 상대의 상황이나 심정에 따라 어떻게라도 받아들여지는 구원의 말이다.

그 한마디가 계기가 되어 그 사람과의 우정이며 신뢰관계가 양성될 것이다.

친구가 우울해져 있을 때

A: 정말 괴로워. 어떻게 해야 할지 모르겠어.

B: 정말 힘들겠군. 내가 술을 살까 밥을 살까? 말만해.

A: 글쎄….

B: 둘 다 살 테니, 얼른 가자.

'우리' 라는 말로
친근감의 정도를 가늠할 수 있다

'우리' 는 '나' 라는 1인
칭의 복수형이지만, 의미는 좀 더 복잡하다고 할 수 있다.

"우리는 참 사이 좋은 부부야, 그치?"라던 두 사람도 부부싸움을 할 때는 "당신이 이런 벽창호라곤 생각도 못했어. 내 마음을 왜 모르는 거야!" "그래, 나도 당신이 그런 말만 안 했어도 이렇게까지 나오진 않았을 거야!" 하고 '당신' 과 '나' 로 나누어져 버린다.

알기 쉽게 말하면 '당신' 과 '나' 는 마주 보는 관계, '우리' 는 옆에 앉는 관계라고 할 수 있다. '우리' 에는 파트너십이며 동료의식이 존재한다.

예를 들면, 링컨 대통령은 남북전쟁 중 게티스버그 연설에서 2천 단어 정도의 짧은 연설 중에 2백 수십 차례나 '우리들we' 이라는 주어를 사용했다고 한다. 이것은 링컨이 '우리들' 이 갖는 의미를 잘 파악하여, 군인들에게 연대의식을 고무하고, 전의를 고양시키려고

Chapter 2 상대의 마음을 끌어들여 내 편으로 만들기 위해서는

고른 단어인 것이다.

일상생활에서도 짝사랑하고 있던 이성이나 존경하는 선배와 함께 있을 때, 세상 돌아가는 이야기 중에 "우리들은 말야……"란 말을 들으면 괜스레 기분이 좋아지곤 한다.

아직 그렇게 친하지 않은 사이에서는 대화 중에 '우리는'이라는 말이 쉽게 나오지 않는 법이다. 서로에게 호의를 갖고 어느 정도의 신뢰관계가 이루어져 있지 않으면, 상대는 불쾌하게 느끼고 경계심마저 품을 수도 있다.

그러나 내 호의가 상대에게 통하고 있다고 느껴질 때는 한번 마음 먹고 써보는 것도 좋다.

"이런 걸 생각하는 건 우리들 정도 아니겠어요?"

"우리도 벌써 그만한 나이가 되었다는 거겠지요."

이렇듯 가벼운 느낌으로 사용해 일단 상황을 살펴본다. 그래도 상대가 싫어하는 기색이 없으면, 친밀도가 한 단계 업그레이드되었다고 생각해도 좋을 것이다.

사귄 지 얼마 되지 않은 이성의 친밀감을 알고 싶을 때
A: 우리 둘 다 액션 영화를 좋아해서 다행이에요.
B: (반가움이 묻어나는 말투로) 네, 취향이 같아서 정말 좋아요.
A: 그럼, 우리 밥부터 먹고 영화 보러 갈까요?

09

상대를 칭찬할 때는
타이밍이나 말의 선택이 중요하다

사람을 칭찬할 때는 그 타이밍이며 단어의 선택이 중요하다. 부하직원이 좋은 성적을 냈을 때 "이번 월례보고회 때 자네 일을 칭찬하겠네"라는 자세는 효과를 반감시켜 버린다. 심리학에서는 '강화強化의 지연은 강화의 효과를 깎아내린다'고 한다. 시간이 지나버리면 부하직원은 이미 과거 자신의 성적보다는 다음 일에 관심을 갖게 될 것이다.

칭찬에는 대응의 신속함이 필요하다. 다시 말해서, 그 때 그 장소에서 아직 상대의 열기가 식지 않았을 때 칭찬하는 것이 가장 좋다.

이 때 주의해야 할 일은 너무 과장된 칭찬을 하면 안 된다는 것이다.

일본어학회의 가네다이치 하루히코金田一春彦 씨의 책에 칭찬 방법의 극의極意라 할 만한 것이 실려 있다. 가네다이치 씨가 화술의 명인이라 불리는 사람에게 수마트라의 모기에 대한 이야기를 들었다. 그 명인은 이렇게 말했다.

"아무튼 잠자리만한 놈이 와서는 목면 바늘만한 침으로 쑥쑥 찔러대니 참을 수가 있어야지요."

그 다음에 같은 수마트라에서 온 사람이 있어, 마찬가지로 수마트라의 모기에 대해 이야길 청하니 "참새만한 모기가 왱왱 공격해 오는 거예요, 그 녀석들을 총으로 팡팡 쏴 죽이고 나서야 겨우 잘 수 있다니까요"라고 했다. 그 이야기를 들은 주변 사람들은 후자의 이야기는 아무리 그래도 그렇기까지야 하겠냐며 신용하지 않았다고 한다.

이 두 가지 이야기를 비교해서 가네다이치 씨는 "예를 드는 것이든 칭찬이든 자랑이든 '최대급'을 사용하면 오히려 속이 들여다보인다. '최대급'의 바로 앞에서 멈춰야 한다는 것을 명심하라"고 당부한다.

확실히 과장된 이야기는 들으면 재미가 있다. 그러나 칭찬받는 입장이 되면 안줏거리 대신인 듯한 느낌에 신용이 가지 않고 불쾌하기까지 하다. 상대를 자기 쪽으로 끌어당기는 것은 도저히 무리인 것이다.

"자네같이 세심한 아가씨는 이 세상에 없을 거야. 분명히 좋은 아내가 될 거야. 내 보장하지"라는 소리보다는 "언제나 신경 써줘서 고맙군"이라는 사심 없는 칭찬이 훨씬 마음에 와닿는 법이다.

간혹 '나는 칭찬이 서툴러서……' 라고 생각하는 사람도 있을 것이다. 그렇다면 그런 대로 아무 문제없다. 좀처럼 칭찬하지 않는 사람에게 칭찬받는 것은 각별한 기쁨을 주기 때문이다.

따라서 이 때다 싶을 때 서툴다는 의식을 극복하고 칭찬을 해주면, 호감을 갖고 신뢰받게 될 것이다.

부하직원의 전화 예절을 칭찬할 때

A: (전화를 끊자마자) ○○회사 담당자인가?

B: 예, 현재까지는 잘 진행되고 있습니다.

A: 자네 전화 응대가 워낙 매끄럽게 흘러서 누구에게든 좋은 인상을 줄 거야.

Chapter 2 상대의 마음을 끌어들여 내 편으로 만들기 위해서는

알고 있다고 인정해주는 것으로
상대의 주의력을 환기시킨다

이야기를 나눌 때 상대가 이쪽의 이야기를 진지하게 들어주길 바라고, 서로에게 기분 좋은 대화를 진행시키고 싶은 것은 당연한 일이다.

이 두 가지에 모두 효과 있는 것이 자신의 지식이나 판단에 대해서 상대에게 설명할 때 "이것에 대해서는 이미 알고 계시겠지만……"이라고 전제를 하는 일이다.

상대방으로서는 '이미 알고 계시는 일'이란 얘길 들어도 모르는 경우가 많다.

따라서 이러한 전제가 주어지면 '이건 모르면 안 되는 거로군' '이 사람은 내가 알고 있다고 생각하는군'이라는 마음이 든다. 이런 장면에서 '그런 거 몰라'란 말은 꺼내기 어려운 법이므로 자연히 이야기 중에서 의미나 힌트를 얻으려고 집중하여 듣게 된다.

또한 그 사항을 이미 알고 있는 경우는 '알고 있길 잘했다' '나도 그런대로 괜찮군' 이라는 안도감에서 상대의 이야기를 여유 있게 듣게 된다.

누구라도 자기가 모른다는 사실을 사람들 앞에서 인정하는 것은 싫은 일이다. 자못 상식처럼 상대에게 유창하게 강의를 들어야 한다는 것은 유쾌하지 못한 일이다. 게다가 그 상대가 나와 동등하거나 혹은 손아래라면 더욱 자존심이 상한다.

어떤 사람이라도 대단히 지적이라든가, 교양이 있다든가, 인생에 숙달한 사람으로 보이길 바란다. 그것은 인간의 본능적인 욕망과 같은 것이다.

따라서 '당신이라면 이미 알고 계시겠지만……' 이라는 한마디는, 상대의 주의력을 환기시키고 자존심을 자극하는 의미에서 매우 효과가 있는 것이다.

최면술사가 최면을 거는 하나의 테크닉으로써 "최면이라는 것은 머리 좋은 사람이 걸리기 쉽습니다"라고 설명한다고 한다.

그런 이야길 들으면, 최면에 걸리게 된 쪽 사람은 머리 나쁘단 소릴 듣고 싶지 않다는 의식이 작용하기 때문에 그 시점에서 이미 최면에 걸리기 쉬운 심리상태로 스스로를 몰아넣어간다. 이것도 사람을 기분 좋게 해서 자신의 페이스에 말려들게 하는 화술의 하나이다.

"이런 일 정도는 당신이라면 간파하시겠지만……."

"제가 말씀 드릴 필요도 없다고 사료되지만……."

이상과 같은 전제도 같은 효과를 지닌다. 이러한 전제 하나를 붙이고 안 붙이고가 상대의 '이야기를 듣자' 라는 자세에 큰 차이를 주는 것이다.

상사에게 자신의 기획안을 설명할 때

A: 팀장님, 이번 신상품 기획안입니다.

B: 그래요, 어디 한번 봅시다.

A: 예, 읽어 보시면 아시겠지만 이번 기획의 콘셉트에 따라 참신성에 무게를 두었습니다.

B: 음…, 그런 것 같군요.

11

다시 만나자는 멘트로
헤어질 때 호감을 갖게 한다

얼마 전 작고하신 영화 평론가 요도가와 다케나오淀川長治 씨는 텔레비전의 영화 프로그램 엔딩에서 "그러면 다시 만납시다. 사요나라, 사요나라, 사요나라"라고 말하고 영화 해설을 끝냈다. 그것은 그만의 독특한 말솜씨로 '사요나라'를 반복하는 인상 깊은 멘트는 개그의 소재가 되기도 했다. 이 말의 포인트는 그 앞의 '다시 만납시다'에 있다. 이것은 영어의 Let's와도 뉘앙스가 다르며, 그의 사람됨이 풍겨 나오고 있어서 불가사의하게도 '다음 주에 또 볼까' 하는 마음이 생긴다.

사람과 헤어질 때 호감을 주는 말이 포함되어 있으면 상대에게 친근감을 느끼게 하며 다음 만날 때까지 기대감에 부풀게 한다.

친구들 사이에서는 "바이바이" "잘 가"라는 편리한 말이 있다. 이것에는 '안녕, 또 보자'라는 의미가 있다. 그러나 아직 그렇게 친하지 않는 사람이나 손윗사람에게 그런 말을 할 수는 없다.

"실례하겠습니다" "안녕히 계십시오" 등의 인사로 헤어질 때 한 마디 덧붙여두자.

"그럼 가까운 시일 안에"라든가, 조금 더 친하다면 "전화 드려도 괜찮으시겠습니까" "다음에도 함께 하고 싶습니다"도 좋다. 심리학적으로 봐도 헤어질 때의 인사에 한마디 덧붙이는 것은 친밀도를 높이기 위해 효과적이다. 이것은 '오늘 이후에도 서로 인간관계를 갖는다' 라는 의식이 발생하기 때문이라고 설명되어지고 있다.

영어의 헤어질 때 인사에도 "See you later" "See you soon"이라는 표현이 있다. 중국어에서는 "자이지엔師兄"이라고 한다. '나중에 보자' '또 만나자' 라는 의미지만, 이런 말은 실제로 다음에 만날 예정이 없어도 쓰이고 있다. 장래 다시 만나자라는 여운을 남기는 인사로 친근감을 남긴 채 헤어지는 편이 인간관계에 플러스가 되는 것은 말할 필요도 없다.

단 여자와 첫 데이트를 하고 헤어질 때 "잘 가, 내가 전화할게"란 소릴 들었다면, 그녀와 사귀는 일은 좀 어려울 듯하다. 이것은 '전화하지 마' '난 전화할 마음이 없어' 라는 여성 특유의 거절 방법이기 때문이다.

'다음에' 가 공수표가 되지 않게 하라

"다음에는 제가 식사를 대접하겠습니다."
이렇게 말한 후 감감 무소식이면 오히려 마이너스가 된다. 일주일 정도 지난 후 전화를 걸어 식사 약속을 지켜야 한다. 곧바로 전화하면 오히려 상대는 물러서게 된다.

12

자신이 관심 없는 이야기라도
긍정적으로 듣는다

자신에게 흥미 없는 이야기라고 주의를 기울이지 않다가 상대에게 실망감을 안겨주는 경우가 있다. 내게 있어 소중한 상대라고 해도 흥미 없는 취미 이야기 따윌 하염없이 듣고 있노라면, 무의식중에 반응이 둔해지거나 상대를 낙담하게 만드는 일마저 생긴다. 결국 강한 거부감을 느낀 상대는 '그 사람과는 아무리 해도 좋아지지가 않아, 그 사람과 함께 행동할 수 없어' 라는 반발을 하게 된다.

그 반대로 "지금까지는 등산에 흥미가 없었는데, 그렇게 재미있습니까?" 같은 긍정적인 태도로 이야길 들으면, 상대는 나를 좋은 사람이라고 생각해 좀 더 사귀고 싶다는 마음을 갖게 된다.

자신의 의견이 다른 사람에게 지지받으면 그 의견에 대해 확신을 가지게 되고 그 사람에게 호의를 느낀다. 그러면 같은 의견을 가진 사람들끼리 모이고 싶어진다.

한편 자신의 의견에 반대하거나 거부를 하면 생각 그 자체에 자신을 잃을 뿐만 아니라 반대 의견을 표명한 사람이 싫어지거나 그런 사람으로부터 멀어지려고 하는 심리가 생겨난다.

이 심리를 이용하면 특정의 사람에게 호의를 얻는 것이 가능해진다. 예를 들어 어떤 이성이 나를 좋아하도록 만들고 싶다면, 그 이성이 말하는 것에 대해 "그렇군, 정말 그래" 하고 끄덕이며 흥미가 있음을 전한다.

만약 그 화제에 흥미를 품을 수 없더라도 상대의 의견을 철저히 듣도록 한다. 당신은 어디까지나 듣는 역할에 충실하면 되는 것이다. 대부분은 상대가 이야기하도록 만들면 된다.

'잘 들어주는 사람'은 인기가 좋다. 왜냐 하면, 상대가 당신에게 말을 건다고 하는 것은 정보를 당신에게 제공하는 행위이며, 이것은 당신에게로의 '심리적 접근 행동'이라고 할 수 있기 때문이다. 좋아하는 상대에게 접근 행동이 생기는 것은 당연한 일이지만, 반대로 접근 행동을 반복함으로써 상대가 좋아지는 경우도 있다.

당신에게 많은 이야기를 들려준 상대는 어느 샌가 당신을 좋아하고 있음을 느끼게 될 것이다.

상대가 잘 모르는 내용을 이야기할 때
"아, 그런 것도 있었군요."
"그렇게 깊은 의미도 있네요."
"관심이 가지 않았는데, 굉장히 재미있겠는데요."

13

공들인 식사 한 번으로
마음을 사로잡는다

요즘 젊은 사람들은 회사 내의 인간관계를 회사 밖으로 연결 짓지 않고, 한 발만 밖으로 나와도 자기의 사적인 시간이라고 생각하는 사람이 많아졌다. 상사나 동료와의 사귐을 지겹다고 생각하는 경향이 있는 듯하다. 그러나 상사에게 "근시일 안에 밥 한 번 먹자"라는 얘길 들었다면, 상사와의 관계에 무언가 플러스 요인이 작용할 신호라고 생각하는 편이 좋다. 나쁜 일을 들을 때는 그럴 만한 사건이나 예감이 있는 것이므로 특별히 그런 사정이 없을 때는 좋은 쪽으로 받아들이면 된다.

적어도 싫은 상대에게 식사를 같이하자는 제안은 하지 않는다는 전제에서 '런천 테크닉'이 태어났다.

'런천'이란 사람을 초대하는 오찬으로, '런치'보다 어느 정도의 형식을 갖춘 식사를 말한다. '파워 런치' 등과 마찬가지로 식사의

Chapter 2 상대의 마음을 끌어들여 내 편으로 만들기 위해서는

장을 빌려 상담(商談)이며 인맥을 넓히는 기회로 이용되고 있다. 그러나 여유 있게 식사를 하는 것은 저녁 때가 된다. 상사가 부하직원을 불러내 노미니케이션(술을 건네며 속마음을 털어놓는다, 일본어의 '마시다' 라는 동사 '노무' 와 영어 '커뮤니케이션' 의 합성어 : 역자주)하는 것은, 실로 효과 있는 수단인 것이다.

세이부(西武) 라이온즈의 히가시오 스스무(東尾修前) 감독이 입단을 결정하지 못하고 있던 마츠자카 다이스케(松坂大輔) 선수(당시 요코하마 고교)를 중화요리의 풀코스에 초대했다. 그리고 그 때 감독은 마츠자카가 좋아하는 것을 알아내서는 닭튀김을 준비시켰다고 한다. 이 공들인 사전 조사와 감독 스스로가 식사를 함께 나누며 권유했다는 마음 씀씀이가 마츠자카의 마음을 사로잡아 세이브 라이온즈로의 입단을 결심시킨 것이다.

친해지고 싶은 사람에게 식사 제안을 할 때

A: 다음 주에 저녁 식사 한 번 어떠세요?

B: 글쎄요. 시간이 어떨지 모르겠네요.

A: 초밥을 좋아하신다고 들었는데, 시간을 알려주시면 맛있다고 소문난 곳을 예약해 두겠습니다.

B: 네…, 그럼 월요일에 다시 한 번 연락 주세요.

14

긍정적인 말을 많이 사용하면
좋은 인상을 얻는다

예로부터 '타인의 불행은 꿀맛'이라고 한다. 가십거리에 함께 웃거나 험담을 나누는 등의 네거티브한 의견은 일치하기 쉬워서, 언뜻 보면 인간관계의 거리가 가까워진 듯이 보인다.

그러나 이러한 경우, 그 장소에서는 공감했다고 해도 반드시 그 사람에게 좋은 인상을 주었다고는 말할 수 없다. 같은 감정은 공유할 수 있어도 포지티브한 호의로는 연결되지 못하는 일이 많다. 만약 사이가 좋아졌다고 해도 그다지 생산적인 인간관계는 되지 못한다.

반대로 포지티브한 내용의 대화는 내게 있어서도 상대방에게 있어서도 기분 좋은 것이므로, 상대의 마음을 끌어당기는 데 효과적이라고 할 수 있다.

예를 들어 "밤에는 반주 한잔 하면서 야구 중계 보는 게 최고지. 아내는 질렸다고 하지만 난 그게 좋아" "일요일에 주말 농장에 가서

야채를 수확했는데, 날씨가 좋아서 기분이 정말 좋더라구" "지난 번 결혼식 정말 괜찮았지? 남의 일이지만 나 정말 감동 먹었어" 등이 그것이다.

'좋아해' '기분이 좋아' 등의 적극적인 긍정의 단어를 많이 사용하면, 무엇보다 상대에게 좋은 인상을 줄 수 있다. 게다가 기분 좋은 말을 몇 번이고 듣는 사이에, 그런 의견이며 말을 하는 사람에 대해서도 호감을 품게 된다.

긍정적인 말을 반복해서 듣고 공감하는 동안 마치 자기 자신이 상대에게 칭찬을 듣는 것 같은 착각에 빠지게 된다.

"어제 본 ○○라는 영화는 정말 감동적이었어."

"나는 학생시절부터 쭉 이 뮤지션을 좋아해서, 지금도 빠지지 않고 콘서트에 가곤 해."

영화나 음악에 흥미가 있는 사람이라면 이런 대화에 바로 참가할 게 뻔하다. 공감한다는 것은 대화를 촉진시키는 데 매우 효과적이다.

포지티브한 회화로 상대의 기분을 띄워 더욱 공감을 얻을 수 있다면, 상대의 마음을 바싹 끌어당기는 것이 가능해진다.

동료들과의 티타임을 포지티브하게 바꾸자
"일찍 일어나서 운동했더니 굉장히 상쾌한데요."
"오늘따라 자판기 커피가 맛있네요."
이런 이야기를 했을 때 부정적으로 대꾸하는 사람이 있다고 해도 주눅 들지 말자. 그 사람은 그냥 내버려 두자.

15

서로 다른 점을 이용해
두 사람의 거리를 줄인다

심리학자 짐 발드가 사람에게 호의를 주는 조건으로 외견성, 근접성, 유사성, 상보성을 들었다는 건 앞에서도 서술한 바 있다.

유사성과 상보성 중에서 상대에게 보다 호감을 품기 쉬운 것으로 굳이 한 쪽을 꼽으라면 유사성이라고 한다. 취미나 혈액형과 같은 공통점을 가지고 있는 사람들의 대화는 활력이 넘치고 친해지는 것도 빠르다. 그러나 그런 공통점이 없는 경우는 상보성을 이용하여 어프로치하면 된다(유사성과 상보성은 동시에 성립하는 개념이기도 하다).

상보성이라는 것은, 취미나 성격은 정반대인 것 같은데 뭔지 모르게 잘 맞는, 이른바 개그 콤비의 바보 역과 똑똑이 역 같은 것이다. 상보성을 이용한 어프로치는 남녀관계에 있어서 특히 효과적이다.

무릇 이성애에 있어서는 상대가 나와 다른 요소를 지니고 있는 것이 '매력'으로 작용한다. 외견이나 행동 상의 '성차性差'가 유전자 레벨에서 정해지기 때문이다. 그러한 무의식의 유인력에 더해져 의식면에서도 자신의 결점이며 약점, 서툰 부분을 상대가 보완해 주고 도와주지 않을까 하는 소망을 품게 된다.

예를 들면 "난 완전히 기계치야. 하지만 인터넷은 해보고 싶어"라는 여성에게는 "내게 맡겨"란 말이, 또한 "과장한테 또 혼났어. 내게 이제 미래란 없을지도 몰라"라고 하는 부정적인 성격의 남성에게는 "괜찮아, 다 잘 될 거야. 주눅 들지 말고 긍정적으로 생각하자"란 말이 좋은 격려가 된다. 상대가 서툰 부분에 보완하는 말을 건네고, 나아가 이를 행동으로 옮기면 상대의 마음은 훨씬 가까워진다.

계산에 서툰 여성(남성)이 있을 때
A: 이 지루하고 복잡한 걸 하루 종일 해야 하다니….
B: 뭔데요?
A: 곱하고 더하고 빼야 하는 일이죠.
B: 아, 저는 계산 하는 거 좋아하는데, 얼른 제 일 끝내고 도와드릴게요.

16

푸념이나 불만을
일시적인 활력제로 쓴다

즐겁고 기분이 좋아지는 이야기를 화제로 삼으면 상대와 친한 관계가 구축된다는 것은 앞에서 서술했다.

그러나 그와 반대의 상황이 일어나는 수도 있다.

예를 들면 내 편이 되어주었으면 하는 동료가 상사로부터 지독하게 힐책 당했다고 하자. 이 상사는 엄격하고 입이 거친 것으로 유명하다. 풀이 죽어 있는 그에게 한마디 건네고 싶다. 이럴 때는 "정말 너무해. 나도 얼마 전에 당했지만, 신경 쓸 필요 없어. 과장, 원래 저러잖아"라고 해보는 거다.

당신의 말에 힘이라도 얻은 듯이 그는 불만을 토로할 것이다. 그는 당신을 스트레스의 탈출구로 생각하고 있는 거다. 이럴 때는 잠시 불만을 서로 주고받는 것도 용서될 것이다.

같은 대상에 대해 서로 불만을 주고받을 수 있는 사람들끼리는 친구관계를 맺기 쉽다. 공동의 적을 가짐으로써 심리적으로 강하게 결속할 수 있기 때문이다.

또한 어느 부분에서는 일치할 수 없는 동료라도, 보다 큰 불만 가운데는 함께 싸워나가야 할 부분이 생기기도 한다.

하지만 여기서 주의해야 할 점은 일시적으로 끝내야 한다는 것이다. 강한 스트레스로부터 회복하기 위한 활력제, 또는 진정제의 역할에서 멈추도록 한다. 강한 약은 일시적으로는 듣지만 상용하면 독이 되어 생명을 위협할 수도 있다.

"그래도 뭐 어쩌겠어. 힘 내자구!"로, 강한 약과 안녕을 고하자.

그리하여 다음에 이야기할 때는 같은 화제를 문제 삼지 않아야 할 것이다. 상대가 그 화제에 들어가려 하면 "그 얘기는 그 때로 끝내자"고 확실히 못박아둔다.

동료가 고객의 항의 전화를 받고 기운이 빠졌을 때

A: 억지를 부려도 정도가 있어야지, 원.

B: 맞아. 앵무새처럼 자기 말만 하는 사람들이 있어.

A: 다짜고짜 소리부터 지르고, 옆에 있으면 한 대 콱 쥐어박았으면 좋겠다니까.

B: 정말 짜증나는 타입이지.

17

스릴 만점인 곳에서
사랑을 얻는다

당신이 몰래 사모하고 있는 이성이 있다고 하자. 어떻게든 그(그녀)의 마음을 얻고 싶다.

그럴 때는 이런 상황을 만들어보면 어떨까?

이야기를 간단히 하기 위해 당신을 여성이라고 가정하자. 우선 당신은 그를 요즘 화제가 되고 있는 제트 코스터나 대자연의 단애 절벽 등과 같이 스릴과 흥분을 느낄 수 있는 곳에 함께 가기를 제안한다. 그리고는 그 제트 코스터에서 내린 순간이나 단애 절벽을 건넌 순간에 부드럽게 다가서면, 그는 당신에게 연애 감정을 품을 가능성이 높아진다.

이것은 닷튼과 아론 실험의 응용이다. 두 사람은 한 여성을 실험 협력자로 하여 다음과 같은 장소에서 남성에게 말을 걸게 했다.

장소는 두 군데였다. 처음엔 깊은 계곡에 걸려 있는 다리 옆으로,

다리는 심하게 흔들려 스릴 만점의 로케이션이었다. 이 다리를 막 건너온 청년에게 여성이 말을 건넨다. 청년은 아직 숨도 거칠고 심장도 두근거리는 상태이다. 여성은 한 심리 조사(실제 목적이 아님)의 질문을 하고 결과를 알고 싶으면 전화를 하라며 전화번호를 건넨다. 다리를 막 건너온, 아직 흥분이 채 가라앉지 않은 청년 몇 명에게 그녀는 말을 걸고, 질문을 하고, 전화번호를 건네주었다.

완전히 똑같은 행동을 이번에는 전혀 위험이 느껴지지 않는, 폭 넓은 안전한 다리를 건너온 청년들에게 실시하였다.

자, 그녀에게 실제로 전화를 걸어온 것은 어느 쪽의 청년이 많았을까?

위험한 다리의 청년들은 대부분 전화를 걸어왔지만, 안전한 다리를 건넌 청년들 가운데 전화가 걸려온 것은 12%밖에 안 되었다.

이 명백한 반응의 차이는 흥분상태에 그녀를 만났는가 아닌가의 차이였다. 남성은 매력적인 여성을 만나면, 마음이 고조되어 숨이 거칠어지고 심장이 두근거린다고 한다. 이것은 위험한 다리를 건넌 생리적 흥분과 비슷한 반응인 것이다. 그리하여 위험한 다리를 건넌 공포에서 온 '두근거림'과 매력적인 여성을 만났을 때의 '두근거림'을 혼동해 버린다. 이것을 '지식·생리 가설'이라고 부르고 있다. 스릴 만점의 장소에서 그의 심장이 두근거리기 시작했다면, 그 때가 바로 찬스라는 말이다.

마음에 드는 이성에게 고백하기 좋은 장소와 상황

● 놀이동산의 롤러코스트에서 막 내려왔을 때

● 콘서트 등을 본 뒤 아직 흥분이 가라앉지 않았을 때

아직 가까워지기 전이라면 고백은 잠시 미뤄두는 편이 좋다. 그런 상태에서 옆에 있다는 것만으로도 호감을 가질 것이므로 고백은 나중에 해도 늦지 않다.

먼저 '노' 다음에 '예스' 로 돌아서면
신임을 얻는다

회사의 탕비실이나 탈의
실은 여성들이 소문 이야기를 하기 쉬운 장소다. 두 사람이든
세 사람이든 꽤 신명이 난다. 또한 칭찬보다는 헐뜯는 이야기가 많
은 것이 특징이기도 하다.

이런 장면의 달인이 있다. 실컷 험담을 해놓고 "하지만 좋은 사람
이야"로 이야기를 마치는 것이 그 비법이라고 한다. 마지막에 칭찬
으로 끝을 맺으면, 헐뜯은 것도 농담처럼 들리는지 험담이 본인에
게까지 전해지지 않는단다.

이와 좀 비슷한 실험이 미국의 아로슨과 린다에 의해 행해졌다.

우선 피험자에게 네 개의 그룹과 토론하도록 하였다. 이 때 네
개의 그룹에게는, 자신들의 의견을 말하는 것이 아니라 피험자의
반대 의견(비방)과 찬성 의견(칭찬)을 다음과 같은 순서로 말하게
했다.

① 처음부터 끝까지 칭찬한 그룹

② 처음에는 비방하고, 도중부터 칭찬한 그룹

③ 처음부터 끝까지 비방한 그룹

④ 처음에는 칭찬하고, 도중부터 비방한 그룹

그리고는 나중에 피험자가 각각의 그룹에 어떤 인상을 지녔나를 조사했다.

그 결과 피험자의 인상이 제일 좋았던 것은 ②의 그룹이었고, 다음이 ①, ③, ④의 순이었다.

시종 일관하여 칭찬한 그룹이 톱이 되지 못한 것은 왜일까? 그것은 '본심이 아니라 의리나 인사말로 찬성해 준 것이 아닐까' 라고 느꼈기 때문이다.

비방→칭찬의 그룹에게 가장 높은 평가를 내린 것은 두 가지 이유로 생각된다.

첫 번째는, 토론의 결과, 이 그룹이 자신에게 있어 가장 바람직한 상태로 변화했다고 느꼈기 때문이다. 두 번째는, 처음에 비방당한 것으로 피험자에게 이 그룹이 객관적으로 판단하는 사람들이라는 인식이 생겼다. 그런 그룹이 칭찬하는 태도를 보임으로써 자신이 객관적으로 재평가되었다는 생각에 프라이드를 느꼈기 때문이다.

처음에는 찬성을 했으면서 도중부터 반대로 돌아서는 것이 가장 인상 나빠졌다. 이것은 이해해 줄 거라는 처음의 기대와 달리 나중에 배신당했기 때문에 느끼는 강한 쇼크와 더불어 프라이드도 크게 상처 입었기 때문이다.

아로슨과 린다의 실험 결과는, 상대를 내 쪽으로 바싹 끌어당기고 싶을 때 도움이 된다.

상대가 뭔가에 대해 찬성을 구하려고 할 때, 만약 그것에 동의한다고 해도 일단은 "그건 아닌 것 같은데…… 하지만 좀 더 자네 의견을 듣고 싶군" 하고, 가벼운 반대 의견을 제시하면서 상대에게 이야기를 재촉한다.

그렇게 상대의 이야기를 다 듣고 나서 "그런 거였군. 그렇다면 자네가 말한 것이 아주 적절하군" 하고, 상대의 의견에 찬성하는 자세를 보이는 것이다. 그렇게 하면 자신이 이야기함으로써 상대의 마음이 변했다는 것에 만족하여, 당신을 한층 신뢰하게 될 것이다.

상대의 이야기를 잘 들은 결과, 반대가 찬성으로 변하는 것은 자연스럽게 생겨나는 일이다. 그런 장면을 의도적으로 만들어내는 것은 좀 그렇다고 생각할지 모르지만, '이 때다' 싶을 때를 위해서는 익혀두는 편이 좋을 것이다.

일단은 잘 듣는 것이 먼저

기본적으로 이야기를 신중하게 듣고 있다는 인상을 상대에게 줘야 한다.
그렇지 않으면 '잘 듣지도 않았으면서' 라는 반발을 살 수 있다. 공연 내내
졸다가 끝난 뒤에 기립박수를 친다면 누구든 그 감동을 믿지 않을 것이다.

상대에게 YES를
받아내기 위해서는

01

뒤처지지 않겠다는 의식을 자극해
상대의 마음을 움직인다

어린 시절, 장난감을 갖고 싶은 마음에 "다들 가지고 있단 말이야, 나도 사줘!" 하고 졸라댄 적은 없는가? 어린 나이에도 열심히 생각해 낸 문구임에 틀림없다. '내가 이렇게 말하면 꼭 사줄 거야' 하는 바람이 실린 소원이었을 것이다.

이런 말을 들으면 부모는 마음이 약해진다. 바로 '그렇다면 사줄까' 하는 마음이 되고 만다. 이렇듯 사람의 마음을 단번에 사로잡는 말은 세일즈의 세계에서도 응용되어 아주 유용하게 사용되고 있다.

"이 상품은 이미 모두들 쓰고 계신 거랍니다" 하고 권하면 사람의 마음은 흔들리기 마련이다.

'다들 사용하고 있는 거라면 좋은 물건임에 틀림없어' 등의 핑계를 대면서, '그렇담 사볼까?' 하는 마음이 든다.

게다가 '모두'라는 불특정 다수가 아니라 '옆집의 ○○씨도' '3단

90

지의 △△씨도' 하고 구체적으로 늘어놓으면 더욱 약해진다.

'나 혼자만 뒤떨어져 있다'고 하는 초조한 마음이며 이미 산 사람에 대한 라이벌 의식이 머리를 쳐들기 때문이다.

이렇게 '다른 사람과 같은 수준이고 싶어' 라든가 '모두에게 뒤지고 싶지 않아' 와 같은 심리를 '동조성' 이라고 한다. 물건을 살 때는 사실 선전 따위로 이미 그 상품의 이미지가 만들어져 있기 때문에, 많은 사람들이 관심을 갖는 물건이나 동경하는 물건에 대해서는 동조성이 특히 강하게 작용한다. 베스트셀러나 최첨단의 패션, 전기제품 등 자기가 가지지 못한 것이 신경 쓰여 어쩔 줄 모른다. 그것을 획득함으로써 모두와 같은 레벨에 도달하고 싶다는 심리가 작용하는 것이다.

이 동조성이 높을수록 '모두 가지고 있다!' 에 약하다고 한다.

이에 더해져 "당신 같은 분에게야말로 이 상품은 어울립니다"라고 하는 '자존심' 을 자극하는 화법을 이용하면, 처음에는 '노' 라고 했던 상대도 결국에는 '예스' 로 돌아설 것이 틀림없다.

서로 의견이 맞서고 있을 때
"노트북은 외근이 잦은 직장에게는 필수야. 꼭 사줘."
"요즘 누가 이런 옷을 입어."
"이게 대세고 트랜드고 유행이야."

Chapter 3 상대에게 YES를 받아내기 위해서는

작은 '예스' 에서
큰 '예스' 를 끌어내는 테크닉

상대에게 '예스' 란 말을 듣기 위해서는, 먼저 이야기를 하지 않으면 아무것도 시작되지 않는다. 이럴 때 유효한 것이 '풋 인 더 도어 테크닉foot in the door technic' 이라 불리는 설득법이다.

"됐어요!" 하고 문이 닫히기 직전, 문 사이에 발을 끼워 넣어 문이 닫히지 않도록 한 다음 조금씩 조금씩 그 문이 열리도록 한다는 데서 붙여진 개념이다.

막무가내인 신문 권유원의 수법이 떠오르기도 하는데, '단계적 설득법' 등으로 불리며 어엿한 설득의 테크닉으로 인지되어 있다.

그렇다면 이 테크닉은 대체 어떤 것일까?

실제로 행해진 실험을 바탕으로 설명하자.

미국의 심리학자 프리드만과 프레이저는 다음과 같은 실험을 행하였다.

아르바이트를 고용하여, 한 지역을 집집마다 돌면서 집의 창에 작은 표식을 붙이거나 교통안전이며 미화 운동에 대한 서명을 받는 '작은 의뢰'를 하도록 시켰다. 당연히 흔쾌히 받아들여주는 집도 있었고, 문전박대한 집도 있었다.

그로부터 2주일이 지난 후, 이번에는 교통안전을 위한 큰 간판을 세우게 해 달라는 '큰 의뢰'로 같은 집들을 돌게 했다. 지난 번 의뢰를 승낙한 집은 물론, 거절한 집도 똑같은 의뢰를 하였다.

그러자 2주일 전에 작은 표식을 붙이는 것에 협력해 주고 서명해 준 집, 즉 '작은 의뢰'를 승낙해 준 집은 큰 간판을 세우는 것(큰 의뢰)도 허락해 주는 집이 많았다. 하지만 작은 의뢰를 거부한 집에서는 큰 간판을 세우는 것도 거부하는 일이 많았다. 일단 작은 의뢰를 받아들이면 큰 의뢰도 받아들이기 쉽다는 것을 여기에서 알 수 있다.

이것을 응용하면, 시간이 없는 상대와 면회 약속을 잡을 때는 처음부터 정공법으로 나가지 않는 편이 좋다고 유추할 수 있다.

"3분이라도 좋으니 이야길 들어주십시오"라고 청하면 성공의 가능성이 높아진다. '30분'이나 '1시간'이라면 상대는 주저하지만, 3분이라면 '만나 봐도 괜찮겠지' 하는 마음이 된다.

만나면 길어질 것임을 알고는 있어도, '3분이라고 했으니까' 하고 자신에게 구실을 주는 것이다. 이렇게 되면 이긴 거다. 일단 만나 이야길 시작하면, 3분이 어느 샌가 30분이나 1시간이 되어버리는 거고, 또 그렇게 된다 해도 아무도 신경 쓰지 않는다.

이 '풋 인 더 도어 테크닉'으로 성공을 얻으려면, 두 가지 포인트를 지키지 않으면 안 된다.

우선, 처음의 의뢰는 상대가 받아들일 수 있는 범위 안에서의 최대의 의뢰여야 한다는 것이다. 너무 작은 의뢰는 이후의 큰 의뢰에 대한 태도에 영향을 미치지 않는다.

두 번째는, 의뢰할 때는 금전적 또는 물질적인 보수를 주거나 흥정을 해서는 안 된다는 것이다. 이런 일이 있으면 상대는 할 수 없이 그것을 받아들였다는 심리상태가 되어 다음번의 큰 의뢰에 대해 '노'라고 할 확률이 높아진다.

어디까지나 처음의 작은 의뢰도 자신의 자유 의지로 받아들였다고 느끼지 않으면 안 된다는 것이다.

길거리에서 만나는 모금 운동에 대한 대처법

가끔 누군가를 기다리고 있거나 바쁘지 않은 걸음으로 지나갈 때 서명을 부탁하는 사람을 만나기도 한다. '서명쯤이야'라고 생각하고 이름을 적었다가 낭패를 보는 경우가 있다. 어떤 주장이든 일단 동의한다고 서명을 하고 나면 그 뒤에 이어지는 작은 성의 요구를 무시하기 어렵다. 만약 그런 일이 있었다면 당신은 '풋 인 더 도어 테크닉'에 걸려든 것이다. 동의하지 않는다면 절대 서명을 하지 말아야 한다.

일부러 '노'를 말하게 함으로써
다음의 '예스'를 끌어낸다

만약 당신과 그다지 친하지 않은 친구나 지인이 갑작스레 "사업 자금 하게 천만 원만 빌려줘"라는 이야길 들이민다면 어떻게 할까? 돈이 넘쳐 남아돌지 않는 한 그 자리에서 거절할 것이다. 그렇다면 그 직후에 같은 상대에게 "그럼, 오늘 저녁 데이트 자금이 부족하니까 5만 원만 빌려줘"란 말을 듣는다면 어떻게 할까? 그냥 '그 정도라면……'하고 지갑을 열지는 않을까?

이 때 당신의 친구 또는 지인은 '도어 인 더 페이스 테크닉door in the face technic'이라는 고도의 기술을 구사하고 있는 것이다. 지금 당신은 5만 원을 빌려주었지만, 만약 처음부터 "데이트 자금 하게 5만 원만 빌려줘"라고 청해 왔다면 과연 들어주었을까?

이것은 앞에서 서술했던 '풋 인 더 도어 테크닉'과는 반대 패턴이다. 먼저 처음에 무리라고 생각되어질 만한 큰 요청을 하고 거절당한다. 그런 다음 바로 레벨을 낮춘 요구를 들이대면 받아들여진다는 방법이다. 일명 '문전 박대 테크닉'이라고도 한다.

이것을 쟈르디니라는 학자가 실험으로 확인했다.

그는 우선 실험 대상의 학생들을 두 그룹으로 나누고, 첫 번째 그룹에게는 "소년원에서 2년간 자원봉사로 카운슬러를 해보지 않겠나?"라고 묻는다. 물론 꽤나 힘든 일이다. 학생 신분으로는 도저히 받아들이기 어렵다. 학생이 거절하면 다음에 "그럼, 소년들의 동물원 소풍에 지도원으로 참가해 주지 않겠나?" 하고 요청하는 것이다.

그리고 두 번째 그룹에게는 후자의 요청만을 한다. 자, 응모율은 어떻게 되었을까?

첫 번째 그룹에서 동물원 소풍에 지도원으로 가길 응모한 학생은 56%였다. 이에 비해 두 번째 그룹에서는 32%밖에 응모하지 않았다. 다시 말해, 일단 '소년원에서 2년간'이라는 커다란 요청을 받고 거절한 그룹은 다음의 동물원 소풍 지도원 요청은 거절할 수 없었던 것이다. 사실 처음부터 소년원에서의 자원봉사 참가는 기대하지 않았다. 첫 번째 그룹의 학생이 요청을 받아들인 것은, 상대가 양보하여 제안해 왔다고 생각하기 때문이다.

'저쪽에서 양보했으니까 나도 어느 정도의 무리는 감수하고 들어줘야 덜 미안하지'라는 심리상태에 빠져 있는 거다.

이 테크닉을 제대로 활용하고 있는 것이 실은 이 세상의 여성들이다. 데이트할 때 "이 가방 멋지다……" 하고 도저히 살 수 없는 명품을 만지작거린 직후에 "그래도 이쪽이 예뻐" 하고 비교적 싼 가격의 상품에 눈을 돌리면, '이 정도라면……' 하고 사주고 만 경험은 없으신지…….

이럴 때, 상대는 당신의 수준에 맞추어 제대로 '예스'를 끌어내고 있는 것이다.

친구에게 저녁을 사라고 할 때

A: 월급도 받았으니 오늘은 자네가 일식집에서 회를 사게.

B: 회는 무슨, 월급 얼마나 된다고.

A: 그럼, 삼겹살이라도 사든지.

B: 삼겹살이라면 사지.

상품의 단점을 살짝 곁들이면
신뢰도가 높아진다

모든 일에는 반드시 겉
과 속이 있다. 그런데 상품이나 아이디어를 팔려고 할 때는, 대부분의 사람들이 장점과 메리트만을 열거하며 마음을 끌려고 한다.

이래서는 현대인에게 통용되지 않는다. 때로는 마이너스 면이며 단점도 있다는 정보를 전하면 그 상품이나 세일즈맨에 대한 신뢰감이 높아져 구입으로 연결되는 경우도 있다.

메리트와 디메리트의 양쪽을 제시하는 것을 '양면(2면) 제시' 라고 하고, 장점만을 호소하는 것을 '편면(1면) 제시' 라고 한다.

다음은 한 대학에서 이루어진 실험이다.

우선 먼저, 일반교양에 대해 어느 정도의 학생이 찬성하고 있는지 데이터를 뽑은 다음, 학생을 두 그룹으로 나눈다.

한쪽에는 '일반교양 과정은 폭넓은 인간 형성의 기틀을 마련하고, 원활한 인격을 몸에 배도록 하기 위해 중요하다' 라고 하는 긍정적인 주장만을 쓴 문서를 읽혔다.

다른 한쪽에는 같은 내용이지만 한 군데만 틀린 '일반교양 과정은 반드시 전문 교양에 도움이 된다고는 할 수 없지만……' 이라는 부정적인 문장을 넣은 문서를 읽게 했다.

그런 다음 다시 앙케트를 한 결과, 부정적인 문장이 들어간 문서를 읽은 그룹이 처음 조사 때보다도 일반교양 과정에의 찬성도가 높아졌다고 한다.

사람은 대부분의 경우, 전면적으로 한쪽의 입장에만 서 있는 일은 적어서, 찬성 의견과 반대 의견의 양쪽을 함께 가지고 그 사람 나름대로의 밸런스 감각으로 판단하고 있다.

따라서 너무나 일방적인 의견만 서술하면 반발을 느끼게 되는 것이다. 그리하여 본래는 찬성이었다가도 반대 의견으로 돌아서버리는 등, 태도를 경화硬化시키는 경우가 있다.

그러나 찬성 의견을 주장하면서 그 가운데 반대 의견에 대한 이해도 조금 섞으면 설득력이 높아진다.

CM에서도 자사 제품을 스스로 헐뜯거나 자사의 이미지를 상처 입히는 선전이 가끔 있다. 이것을 광고업계에서는 '디메리트 표시' 라고 부르고 있다.

이런 마이너스 이미지를 '조미료' 로써 더해 주는 것이, 반대로 그 상품이나 기업의 이미지를 좋게 하는 경우가 있다.

또한 먼저 디메리트를 표시해 두면, 고객이 나중에 그 디메리트에 관해 처음 부딪혔을 때의 놀람을 작게 할 수 있는 효과도 있다.

이미 그 디메리트에 면역이 되어 있기 때문이다. 병에 대한 예방 접종과 같은 것이라 하여, 이것을 '접종 이론'이라고도 부른다. 단, 디메리트의 표시는 조미료 정도로 억제하는 것이 좋다.

이 테크닉은 물론 물건을 팔 경우만이 아니라, 자신의 의견이나 아이디어를 팔 때에도 적용된다.

사람을 소개시켜 줄 때

A: 그 사람 어때요?

B: 외모는 조금 떨어지는 편이지만 굉장히 성실하고 배려심이 깊어요.

부족함을 인정함으로써
적극적인 협력을 이끌어 낸다

회의나 토론에서 자명한 이치를 설명하는 상대만큼 곤란한 존재도 없다. 설명에 빈틈이 없으며, 정론이라면 더욱 그렇다.

듣는 입장에서는 "지당하신 말씀입니다"라고 할 수밖에 없다. 반대 의견 따윌 내놓으려 하면 이쪽이 '예스'라고 할 때까지 설득을 멈추지 않는다. 그러나 정론은 명분에 지나지 않기에 그런 회의의 결론은 조금도 현실적인 해결책에 도달하지 못한다. 즉, 속마음에는 다가서지 못하는 것이다. 그렇게 되면 회의가 끝난 뒤 해결이나 합의의 내용을 실행하려는 단계가 되어도, 명분에 눌린 쪽은 적극적으로 협력하려고 하지 않는다. 이래서는 몇 시간에 걸쳐 회의를 해도 아무런 진전이 없다.

그러므로 만약 내가 설득하고 싶은 상대에게 진짜 '예스'를 듣고 싶다면, 자신의 의견을 무리하게 관철시키려고만 하지 말고 한 발

물러나보는 것이 효과적이다. 자신에게도 잘못이나 틀린 것, 불완전한 부분이 있을지도 모르겠다는 것을 살짝 보이는 것이다.

다시 말해 자신의 주장을 이야기한 다음 "이상과 같이 저는 생각했습니다만, 아직 제 주장에는 불충분한 점이 있을지도 모르오니……"라고 덧붙여두면, 듣는 쪽의 반발심이 사그라져 강요당했다고 느끼는 일도 없이 찬동과 협력을 얻기 쉽게 된다.

나이 어린 사람에게 충고를 할 때

"개인적인 경험이지만 그 문제는 이렇게 하는 게 좋다고 생각해. 하지만 가장 중요한 건 너의 선택이겠지."

'너는 아직 어려서 모르겠지만'이라는 태도로는 상대를 설득시키기 어렵다. 올바른 길을 제시해 주되 마지막 선택은 당사자가 한다는 느낌을 갖도록 해야 원하는 결과를 얻을 수 있다.

선택을 망설이면
대의명분을 쥐어준다

제2차 세계대전 전 미국에서 실제 있었던 일이다. 세탁기가 처음 판매되어 그 편리함으로 인해 큰 평판이 났다. 그러나 왠지 매상 쪽은 조용했다.

세탁기 메이커는 조사에 들어갔다. 당시 미국에서는 전업 주부가 대부분으로 세탁물을 손으로 빨고 있었다. 따라서 '세탁기를 사용하는 것은 가사를 게을리하는 것이 아닌가' 하는 걱정으로 이어지고, 이는 죄의식마저 낳았다.

메이커는 어떻게 하면 주부들에게 판매할 수 있을지를 연구한 뒤, 다음과 같이 호소해 보기로 했다.

"세탁기는 손으로 빠는 것보다 청결하게 빨아집니다!"

"남은 시간으로 지금보다 더 가족에게 충실할 수 있습니다!"

이 메시지는 효과적이었다. 이로 인해 미국의 주부들은 세탁기 구입의 대의명분을 손에 넣게 되었다. 이후 세탁기는 급속히 미국

Chapter 3 상대에게 YES를 받아내기 위해서는

사회에 보급되었다고 한다.

이처럼 무언가 새로운 물건이나 시스템을 이용하는 일이 합리적이고 편리하다는 것을 머리로는 알고 있어도, 지금까지의 가치관에 묶여 있는 도덕심(이것을 '초자아' 라고 한다)이 '노' 라고 해버리는 경우가 있다.

이런 경우에는 자아가 규제하는 죄악감을 떨쳐버리기 위한 '면죄부' 가 주어지지 않으면 안 된다. 상대가 근거를 둔 가치관으로 돌아가 그 연장선상에서 메리트를 제시해야 한다.

'이것(시스템)을 이용하는 것이 당신뿐만 아니라 모두의 행복과 연결된다' 고 하는 커다란 명제 앞에서 개인의 작은 죄의식은 제거되어 사람들은 앞다투어 '예스' 라고 하게 된다.

회사에서 물품을 구입해야 할 때

자주 말썽을 일으키는 사무기기들이 있다. 일에 지쳐 있을 때는 그런 것들이 스트레스를 증가시키기도 한다. 예를 들어 자주 말썽을 일으키는 복사기가 있을 때는 이렇게 말해 보자.

"복사기를 바꾸면 1인당 하루 10분이 절약됩니다. 직원 수대로 곱하면 일주일에 하루가 낭비되는 셈입니다."

'예스' 라고 말하지 않는 사람에게는
양심을 자극한다

선거만큼 온갖 작전이 난무하는 곳도 드물다. 선거도 심리학적으로 보면 입후보자가 유권자를 얼마나 설득할 수 있는가 하는 싸움이라고 할 수 있다. 종반전에 보이는 눈물 작전도 실은 어엿한 전략인 것이다.

선거전에서는 때론 입후보자의 부인이 진짜 눈물을 보인다거나 본인이 무릎을 꿇거나 하며 자신에게 투표할 것을 호소한다. 너무도 촌스러운 이 방법은 언뜻 익살로밖에 느껴지지 않지만, 심리학적으로 보면 실로 효과적인 방법이다.

눈물 작전은 상대의 이성이 아니라 '감정＝양심' 에 호소하는 작전이다. 인간의 심리 가운데서도 양심이라는 것은 자극을 받으면 아주 쉽게 움직인다. 양심이 자극 받으면, 이야기를 듣는 쪽은 불합리하다고 느끼면서도 그만 행동으로 옮겨버리는 일이 많은 것이다.

당연히 비즈니스에서도 이 양심에 호소하는 설득술은 최후의 수

단으로써 사용된다.

예를 들어 "확실히 당신이 말씀하신 대로입니다만, 제 입장도 한 번 생각해 주십시오" "저도 좋아서 이런 얘길 하고 있는 것이 아닙니다" 등 상대의 양심에 호소하는 단어를 사용해 보면, 난공불락이라 여겼던 상대가 의외로 간단히 넘어오기도 한다.

이 양심에 관해서는, 미국의 심리학자 라다네와 더리의 흥미 있는 실험이 있다. 그들은 대학생을 이용해, 사람이 바삐 움직이는 뉴욕의 맨하튼에서 통행인에게 돈을 구걸하는 실험을 했다. 그 문구는 다음의 네 가지였다.

① 10센트만 주세요
② 돈을 잃어버려서 그러는데 10센트만 주세요
③ 전화를 걸고 싶어서 그러는데 10센트만 주세요
④ 소매치기를 당해서 그러는데 10센트만 주세요

그 결과 10센트를 받은 확률은 ①이 34%, ②가 38%, ③이 64%, ④가 72%였다. 다시 말해서 '소매치기를 당했다'고 동정에 호소한 것이 가장 높았던 것이다.

이 실험에서도, 사람은 양심에 호소당하면 보통은 예스라고 하지 않는 일도 예스라고 말해 버린다는 것이 밝혀졌다.

그런 까닭에, 예스라고 말해 주지 않는 상대에게는 최후의 수단으로써 양심에 호소하는 말로 다가서 볼 일이다.

일 때문에 약속을 지키지 못할 때

갑작스런 야근 때문에 오래 전 만나기로 한 친구와의 약속을 지키지 못할
때가 있다. 이럴 때 말을 잘못하면 관계에 금이 갈 수도 있다.

"나도 정말 만나고 싶은데, 상사가 시키는 일이라서 어쩔 수가 없어."

이 때 핵심은 '나도 정말 만나고 싶은데' 라는 말이다. 이 말을 빼면 '당신
은 일보다 덜 중요한 사람' 이라고 오해할 수도 있다.

발언 직후의 찬성 한마디로
회의의 흐름을 바꾼다

스스로는 채택될 거라고 생각했던 기획 등이 막상 회의에서 검토되자 간단히 부결되어 버린 경험을 해본 적이 있을 것이다.

회의에서는 독특한 심리가 작용하는 법이다. 여기서 능란하게 출석자의 심리를 유도할 수 있다면, 자신의 기획이나 아이디어가 쉽게 통과된다.

회의에서의 테크닉을 연구한 이가 스틴저라는 심리학자이다. 스틴저는 소집단의 생태를 연구한 결과 '스틴저 효과'라는, 토론에 이기기 위한 테크닉을 집성했다. 관찰된 소집단의 특징은 다음과 같다.

① 회의에서 이전에 논쟁을 벌였던 상대가 참가하는 경우 서로 정면에 앉는 경향이 있다.

② 한 발언이 끝났을 때 다음 발언자는 앞 사람의 의견에 대해 반

대 의견을 논하는 일이 많다.

③ 회의에서 의장의 리더십이 약한 경우 참가자는 정면의 사람과 이야기하려 하고, 의장의 리더십이 강한 경우는 옆 사람과 이야기하려고 한다.

이 가운데 주목하고 싶은 것은 ②이다. 다시 말해, 회의 같은 자리에서는 집단이 전체 의지로써 항상 밸런스를 유지하려고 하기 때문에, 앞의 의견자와 반대 의견을 논하는 일이 많아진다.

그러므로 만약 어떤 일에 대한 회의에서 예스를 끌어내고 싶다면 '찬동자', 즉 '바람잡이'를 만들어두는 것이 효과적이다.

친한 상사나 동료에게 미리 사전 교섭을 해놓아 자신이 발언한 후에 "찬성!" 하고 한마디 외치도록 한다. 이것만으로 당신의 의견에 '순풍'이 불어, 대부분을 찬성 의견으로 몰아갈 것이다.

내 의견에 힘을 실어 줄 바람잡이를 만들어두자

A: 이번 여름휴가 때는 가까운 산으로 가자.

B: 오! 그거 좋겠네.

C: (바다로 가고 싶었더라도) 뭐, 산도 괜찮겠네.

09

부탁할 때 이유를 붙여
'예스'를 끌어낸다

내용에 상관없이 사람은 상대로부터 이유 같은 것을 듣게 되면 그 부탁을 들어주고 마는 경향이 있다.

특히 '~기 때문에' '~니까'와 같은 단어를 덧붙인 요구에는, 내용을 제대로 검토해 보지도 않고 그냥 응해 버리고 만다.

미국에서 이런 실험이 행해졌다.

순서를 기다리고 있는 행렬에 끼워 달라고 부탁할 경우 '~기 때문에'라는 단어를 곁들였을 때와 '~기 때문에'를 붙이지 않고 부탁했을 때는 약 30%나 승낙의 차이가 났다고 한다. 게다가 '~기 때문에'가 붙어 있으면, 확실한 이유가 없더라도 90%나 되는 사람이 순서를 양보했다고 한다.

'~기 때문에'와 '~니까'는 이유를 설명하거나 제시할 때 사용되는 표현이다. 이런 단어가 귀에 와 닿는 순간, '이 사람은 이유를 설명하고 있는 게로군'이라고 취급해 버리기 때문에 그 이유의 내용에 관해서는 그다지 깊이 탐색하지 않는다. 그것이 내용적으로 이유도 되지 않는 것이라고 할지라도 "알겠습니다"라고 승낙하게 만든다.

이것을 역이용하여 근거가 희박하다는 생각이 들더라도 '~기 때문에' '~니까'의 단어 효과를 도입하면, 의외로 수월하게 예스를 얻을 수 있을 것이다.

그래도 아무 이유나 갖다 붙이지지는 말자

A: 내가 출장을 가야 해서 그런데 그 동안 이 일을 해주게.

B: 갔다 와서 하면 되지.

이 설득법을 이용한답시고 아무 이유나 갖다 붙이다가는 낭패를 볼 수 있다. 어디까지나 부탁을 할 수밖에 없는 합당한 이유가 있어야 한다.

Chapter 3 상대에게 YES를 받아내기 위해서는

10

배움을 요청함으로써
'예스'를 끌어내는 고도의 테크닉

정면으로 부딪혀서 상대를 논리정연한 이론으로 승복시키는 것이 어려울 때는, 빙 돌려서 공격해 보는 것도 좋다. 예를 들면 상대에게 "그것에 대해 가르쳐주십시오"라고 말해 보는 것도 하나의 방법이다. 특히 그 사람이 흥미를 갖고 있는 일이나 자신있는 장르라면 상대는 기꺼이 응할 것이다.

미국의 실업가로 명성을 날린 윌리암 리그레가 아직 비누 회사의 세일즈맨을 하고 있던 시절의 이야기다. 리그레는 그 날도 여느 날처럼 한 가게에 들어가 세일즈를 시작했다. 그러나 그 가게의 주인은 리그레가 일하는 회사를 무지하게 싫어해서 "너도, 네 회사도 다 뒈져버려!" 하고 소리쳤다. 리그레는 맥없이 돌아갈 준비를 하면서 이렇게 말했다.

"사장님께 비누를 팔려고 했다니 제가 어떻게 됐었나 봅니다. 하지만 저는 아직 신참이라서 사장님께서 저희 회사를 싫어하는 이유도, 비누를 파는 방법도 모릅니다. 괜찮으시다면, 그것을 좀 가르쳐 주실 수 없으시겠습니까?"

그러자 그 가게 주인은 싫어하는 이유를 설명해 준 다음, 리그레에게 비누 파는 방법까지 가르쳐주었다. 그리고 결국에는 리그레의 비누까지 사주었다고 한다. 이 일로 리그레는 '사람에게는 두려워 말고 조언을 구하자' 라는 교훈을 얻었다.

'왜?' 라는 질문을 받고 나서 반대 의견을 제대로 설명하려고 하면 할수록 사람은 그 '반대 이유' 에 대해 다시 한 번 곰곰이 생각해 보게 된다. 곰곰이 생각함으로써 '반대 의견' 을 객관적으로 볼 수 있게 되어, 단순한 믿음이나 이미지에서 온 거부 반응에 스스로 종지부를 찍게 된다.

게다가 이유를 생각하는 가운데 '상대의 의견도 좀 고려하는 것이 좋으려나……' 라는 생각도 하게 되어, 상대에 대한 배려며 호의도 자연스레 생겨난다. 이 정도 되면 상대의 요청에 '응해도 괜찮겠지' 하는 심리상태가 되어버리고 만다.

'왜' 라는 질문을 적극 활용하자

'왜?' 라는 질문은 대화에서 만병통치약 같은 효과를 발휘할 때가 많다. 나의 주장이 먹히지 않으면 같은 말을 계속할 것이 아니라 반대하는 이유를 물어보아야 한다. 괜한 말꼬리 잡기는 말다툼밖에 안 되지만 예리한 질문은 상대의 말문을 막히게 한다. 더불어 말은 많이 하는 쪽에서 실수를 하게 되어 있다.

스스로 선택했다는
확신을 준다

인가 하고 물으면, 그저 그 범위 안에서 생각해 버리고 마는 경향
이 있다.

"디저트는 멜론으로 하시겠습니까, 딸기로 하시겠습니까?"

이렇게 물어오면, 그럴 마음이 없었다고 해도 "그럼 멜론으로 주
세요"라고 대답해 버리고 만다. 실은 아이스크림이 먹고 싶었다 해
도 둘 중 어느 쪽을 선택하지 않으면 안 될 것 같은 마음이 드는 것
이다.

샐러리맨 사회에서는 부하직원에게 전직을 명해야 하는 경우가
있는데, 부하직원에게 불평을 사면 나중이 골치 아파진다. 중간 관
리직으로서 자신의 관리 능력도 의심받게 된다.

이럴 때에는 이 테크닉을 활용할 수 있다.

한 부하직원을 본점 근무에서 전근시켜야 할 때 "자네가 지방에

좀 가주었으면 좋겠는데"라고 먼저 말을 꺼낸다. 부하직원의 표정이 굳어지면 다음 순간 "결국 시내의 A지점이나 B지점 중 한 쪽으로 보내기로 했네만, 자넨 어느 쪽이 좋겠나?"라고 덧붙인다.

이런 말을 들으면 본점을 떠나는 것이 싫었던 부하직원도 "그렇다면 A지점으로 가고 싶습니다"라고 대답하기 쉽다.

게다가 이 경우 부하직원은 강제로 전출당한 것이 아니라 스스로가 선택했다고 생각하게 된다.

결근을 해야 할 경우

"다음 주에 집안일 때문에 하루를 결근해야 하는데요, 월요일이 좋을까요, 화요일이 좋을까요?"

이렇게 물으면 당신의 상사는 결근보다는 월요일이냐 화요일이냐에 집중하게 된다.

12

반대가 예상될 때는 작은 부분에 대한
동의부터 획득한다

어떤 의견에 반대하고 있는 사람이 있다고 하자. 이런 사람에게 '예스'를 받아내기 위해서는 그 사람의 의견과 공명할 수 있는 부분을 찾아서 "그 점에서는 의견이 일치하는군요"라고 어프로치하면 좋다. 부분적으로나마 찬성이 얻어지면 다음 단계의 '예스'를 끌어내는 일이 용이하게 된다.

어떤 프로젝트에 반대하고 있는 사람을 조사해 보니, 프로젝트 자체에는 반대였지만 그 안의 예산안만큼은 찬성인 것을 알았다. 이럴 때 "예산안에 관해서는 서로 의견이 일치하고 있군요" 하고, 그것이 아주 작은 부분이라 할지라도 일치하고 있다는 것을 상대에게 깨우쳐줄 수 있다면 제 1단계는 성공이다.

일단 작은 '예스'를 끌어내면 심리적인 저항이 적어져서 다음의 '예스'를 얻기 쉽게 된다. 일치하는 부분을 찾아내어 그 때마다 그것을 제안함으로써 작은 찬성을 쌓아나가 결국에는 커다란 예스를 얻으면 되는 것이다.

그러므로 회의 등에서 반대할 것 같은 안건을 제시할 때는, 상대의 찬성을 얻기 쉬운 부분에 대한 의견을 먼저 구하면 된다.

"이 자리에서 모든 걸 깨끗이 결정해 버립시다"라고 하면, 상대도 좀처럼 찬성하기 힘들어진다.

"우선은 ○○에 관한 건입니다만, 이것은 문제없으리라 여겨지고……"와 같은 이야기 방식이라면, '그렇담 일단 양보해 볼까' 하고 편하게 상대할 수 있다. 그렇게 되면, 찬성 의견을 얻기 쉬운 상황이 만들어지는 것이다.

영화, 식사 등에서 의견이 엇갈릴 때
"일단 액션 영화를 보는 것은 다 찬성하는 거지?"
"해산물을 먹자는 것에는 다 동의하는군."
먼저 찬성하는 부분을 찾으면 자신이 무엇을 원하고 무엇을 양보해야 하는지 구체적으로 알 수 있다. 이 방법을 쓰면 결론에 빨리 도달하기 때문에 길거리에서 시간을 낭비하는 일이 적어진다.

13

승낙하기 쉬운 제안을 반복해
긍정적인 심리상태를 만든다

사귀고 싶은 이성에게 데이트 신청을 할 때에는 "좀 걷지 않을래요" "차 한잔 마실까요" "좀 더 이야기합시다" 등, 그녀(그)가 승낙하기 쉬운 제안부터 시작하는 것이 좋다.

이렇듯 '예스' 라는 답이 돌아올 가능성이 높은 제안을 하면서 작은 '예스' 를 몇 번이고 쌓아가면, 점점 '예스' 의 범위가 넓어져 커다란 제안에도 '노' 라고 하기 어렵게 된다. '예스' 를 연발시키면 긍정적인 심리상태가 만들어지고, 일단 이것이 만들어지면 '노' 라고 말하기가 곤란해져 버린다.

이에 관해서는 사회학자인 스나이더와 커닝검이 다음과 같은 실험을 하였다. 먼저 전화번호부에서 무작위로 뽑아낸 사람들에게 전화로 앙케트를 의뢰한다. 이때 한 그룹에게는 "8항목의 앙케트에 답해 주십시오" 라고 청하고, 또 하나의 그룹에게는 "50항목의 앙케트에 답해 주십시오"라는 청을 했다. 그 결과, 가볍게 할 수 있는 8항목의 앙케트에 OK한 것은 83%였고, 귀찮아질 듯한 50항목 앙케트를 받아들인 것은 겨우 20%에 지나지 않았다. 80%의 사람이 '노'라고 한 것이다.

다음에, 다시 '30항목의 앙케트'의 의뢰를 세 그룹으로 나누어 행했다.

① '8항목'에 OK한 그룹

② '50항목'에 NO라고 한 그룹

③ 새롭게 선정한 그룹

그 결과, ③의 새롭게 선정한 그룹에서는 33%의 사람이 OK했지만, 50항목의 앙케트에 NO라고 답한 ②그룹에서는 겨우 12%의 사람만이 YES라고 답하였다. 또한 8항목의 앙케트에 YES라고 답한 ①그룹에서는 77%나 되는 사람이 이번 의뢰에 대해서도 YES라고 답하였다.

다시 말해 의뢰의 내용이 같은 것이라면 처음에 '노'라고 한 사람은 다음에 무언가를 의뢰받아도 '노'라고 할 가능성이 높아지고, 처음에 '예스'라고 해버린 사람은 다음 의뢰에서도 '예스'라고 할 가능성이 높아진다는 말이다.

이성이 데이트를 거절할 것 같은 경우

"영화 보는 거 좋아하시죠?"

"영화 본 뒤에 식사하는 것도 좋고요."

"주말에 집에만 있으면 더 힘들잖아요."

"토요일에 저하고 영화 보고 식사하시면 되겠네요."

Chapter 3 상대에게 YES를 받아내기 위해서는

NO라고
확실히 말하기
위해서는

그 자리에서 거절하기 힘들면
대답을 미루어 인간관계를 지킨다

얼굴을 맞대고 '노'라고 하기 힘든 분위기가 있다. 예를 들면 내키지 않는 여행을 제안 받았는데, 이야기 흐름 속에 "우와, 나도 가고 싶다"라고 말해 버린 경우가 그렇다. 이제 와서 '노'라고는 말 못하고, 적당히 거절할 이유도 떠오르지 않는다.

그럴 때는 "스케줄을 조정해 볼 테니까 조금만 기다려줄래?"라고 말해 시간을 둔 다음 거절하면, 상대도 기분이 상하지 않는다. 거절하려고 해도 상대를 납득시킬 만한 이유가 생각나지 않을 때는 "생각할 시간을 주십시오"라고 즉답을 피하면 인간관계를 해치지 않는 선에서 해결되는 경우가 많다.

이 말에는 대답을 듣기 전에 상대가 '거절당할지도 모르겠군'이라는 예감을 품기 시작하는 효과가 있다. 이것이 상대에게 마음의 준비를 시켜 결과적으로는 거절하기 쉽게 된다.

여기서 주의해야 할 것은 거절하기까지의 시간을 그다지 길게 잡지 않는 일이다. 상대에게 "저번에 한 얘기, 당연히 OK지?"라고 대답을 독촉당하면, 또다시 '노'라고 하기 힘들어진다. 상대가 그다지 길게 느끼지 않는 시간 안에 "미안해, 사정이 나빠졌어"라고 내 쪽에서 먼저 연락을 취해야 할 것이다. 그 때는 이것저것 생각한 거절 이유를 늘어놓을 필요가 없다. 그럴 바에는 차라리 "이번엔 무리였지만, 다음번에도 꼭 불러줘"라고 덧붙이는 것이 상대에게 호감을 준다.

Self Tip!
상황
토크

거절하기 힘들 때 쓰면 좋은 말
"다이어리를 안 갖고 왔어. 확인하고 연락할게."
"그 무렵에 중요한 프로젝트가 시작되는데 일정이 아직 안 나왔어."
"회사에 돌아가서 상사와 의논해 보겠습니다."

거절의 이유를 말할 수 없을 때는
두루뭉술하게 대답한다

상대의 신청이나 의뢰에 응할 마음도 안 들고, 그렇다고 스트레이트로 '노'라고 할 수도 없을 때가 있다.

이럴 때는 "죄송합니다만 사정이 허락하질 않는군요" "유감입니다만, 아무래도 사정이 여의칠 않아서요"와 같이 세밀한 이유를 붙이지 않는 방법이 효과적이며 편리하다.

"어째서 안 된다는 겁니까?" "왜 안 되는 거지요?" 등으로 물어도 자세한 설명이나 변명은 하지 말고, 앞의 말을 반복하기만 한다.

물론 이유를 제대로 설명해 주는 편이 납득하기 쉽지만 '당신이 싫어서 하고 싶지 않습니다' 같이 생각한 대로 정직하게 입에 올리면 상대는 상처받을 것이 틀림없다.

떠오르는 대로 구실을 늘어놓는다 해도 결국은 거짓말을 덮는 것밖에 안 되며, 앞뒤가 잘 맞도록 거짓말을 꾸며대는 것도 상당한 에

너지가 필요하다.

그럴 때는 '실은 도와드리고 싶지만 어쩔 수 없이 거절합니다' 라는 마음이 들어가 있는 '죄송합니다만' 이라든가 '유감입니다만' 이라는 단어를 붙여 상대에게 전한다.

그리하면 상대는 무척이나 중대한 이유가 있는가 보다 하고 납득해 줄 것이다.

친하지도 않은 사람이 보험을 부탁할 때

A: 부담되지 않는 걸로 하나 들어주세요.

B: 미안, 사정이 안 좋아서.

A: 한 달에 2만 원밖에 안 됩니다.

B: 미안해, 요즘 좀 안 좋아서.

결론이 무엇인지 질문해 세일즈맨의
긴 이야기를 가로막는다

자택이나 회사에 끊임없이 걸려오는 전화 세일즈는 성가신 것 중의 하나다. 이에 대해 확실히 '노'라고 하려면 어떻게 해야 좋을까?

하염없이 계속되는 세일즈맨의 수다를 가로막고 "그런 물건은 필요 없습니다" 하고 찰칵 전화를 끊어버렸던 사람이 있다. 그런데 그 직후에 다시 상대에게 전화가 걸려와 "그런 실례되는 전화 대응이 어딨어요!" 하고 대단한 기세로 몰아붙였다고 한다. 그 바람에 죄책감이 들어 마지못해 '예스'란 답을 하고 말았다고 한다.

이럴 때의 격퇴 비법이 있다. 우선은 긴 이야기에 끌려들어가지 않는 것이 중요하다. 상대는 내용이 무엇이든 간에 이야기를 듣게 만들어 시간을 끄는 것으로 상담商談의 반은 성공한 거라고 생각하고 있다.

대화가 길어질 것 같을 때, 이야기의 흐름을 중단시켜 빨리 끝내기 위해서 효과적인 것이 "결국 무슨 말씀을 하고 싶으신 겁니까?" 또는 "용건이 무엇입니까?"라는 질문을 하는 것이다.

그러면 듣는 쪽에서 상대가 들을 마음이 없다는 것을 인식하게 된다. 게다가 "○○를 사주십시오"라는 결론을 말하면, 그 즉시 '노'라는 답이 돌아올 것임을 쉽게 상상할 수 있다. 이것으로 대화의 주도권은 이쪽으로 넘어와 당당하게 '노'라고 할 수 있게 된다.

또한 상대의 이야기에 전혀 답을 하지 않는 거절 방법도 있다. '예'든 '저'든 수화기 저편에 반응이 있는 한 전화가 끊길 걱정이 없으므로 세일즈맨은 언제까지라도 이야기를 계속하지만, 손님이 대답을 해주지 않으면 이야기를 다음 전개로 넘길 수 없게 된다.

침묵으로 일관할 용기가 없다면 "아무래도 구미가 당기질 않는군요" "전혀 관심이 없습니다"와 같은 대답을 반복해서 하면 된다. 그런 말을 들으면 아무리 질긴 세일즈맨이라도 물러나지 않고는 못 배길 것이다. "이야기 중에 실례가 되겠지만, 이 이상 이야길 들어도 별 수 없을 것 같으니 끊겠습니다"라고 말하고 전화를 끊는다면, 다시 전화를 걸어 윽박지르는 듯한 수법도 통하지 않게 될 것이다.

Self Tip!
상황
토크

카드사 등에서 전화가 올 때

마음이 약해서 듣고 있다 보면 시간과 에너지를 뺏기게 된다. 이럴 때는 단호한 것이 최선이다.

A: ○○ 고객님이시죠?
B: 네. 무슨 일이시죠?
A: 저희 ○○ 카드를 이용해 주셔서 감사드리고요……
B: 죄송합니다. 지금 바빠서요.

단어 하나로
자연스럽게 거절한다

만약 상대가 세일즈맨이 아니더라도 더 이상 이야기를 길게 끌고 싶지 않다면, '어쨌든'이나 '그러니까'라는 단어를 끼워 넣는 것도 효과적이다.

예를 들면, 상대가 같은 말을 반복하며 이야기를 끝낼 것 같지 않을 때는 "어쨌든 오늘은 시간도 없고 하니까 나중에 천천히 듣기로 하지"라고 말하면, 상대는 그 이상 아무 말도 할 수 없게 된다.

'어쨌든'에는 상대의 사고나 이야기 흐름을 정지시키는 심리적 효과가 있는 것이다.

또한 '따라서' '그러니까'도 상대가 말하는 것에 슬며시 거부의 자세를 나타내는 단어다.

질문에 대한 대답을 느닷없이 "따라서……"로 시작하면, 전에 이미 답한 것을 반복한다는 뉘앙스가 되어, 부정적인 단어를 사용하지 않아도 부드럽게 거부할 수 있다.

게다가 '따라서'나 '그러니까'는 어조에 따라 다소 짜증 섞인 감정을 스며들게 할 수도 있다.

참고로, 말을 가로막는 맞장구로는 '뭐, 뭐라구?' '한 번 더 말해봐' '잠깐 기다려' '이야기 중에 실례입니다만' 등이 있고, 이야기를 전환하는 맞장구로는 '그건 그래' '그런데?' '그래서 생각났습니다만' '좀 다른 이야기지만' 등이 있다.

유명한 작곡가 롯시니도 같은 작곡가 와그너를 상대로 이 수법을 썼다. 와그너는 상대의 기분과 상관없이 자신의 이야기를 언제까지고 떠들어대는 버릇이 있었다. 그런 와그너의 방문을 받은 롯시니는 "잠깐만 기다려, 냄비의 불을 보고 올 테니까"라는 핑계로 5분 간격으로 자리를 떴다고 한다. 와그너의 이야기에 박자 맞추기가 벅찬 롯시니는 이렇게 해서 이야기를 얼버무린 것이다.

'냄비를 불에 올려두어서요'라는 문구는 전화 세일즈의 대응책으로서 현재에도 충분히 통용된다.

끈질긴 세일즈맨을 상대했을 때나 분위기를 깨는 사람이 있을 때에는 이 방법의 '중단 언어'를 효과 있게 사용하면 좋다.

Self Tip!
상황 토크

무슨 말을 해도 답변은 마련되어 있다

마음이 여리거나 집요한 세일즈 등에 경험이 없는 사람은 관심이 없다거나 형편이 안 된다는 말로 자리에서 일어나려고 한다. 그러나 당신이 무슨 말을 해도 그들은 모든 말에 대한 매뉴얼을 가지고 있다. 과감하고 단호한 결단과 기술이 필요하다.

"어쨌거나 보험 들라는 이야기잖아요."

논리정연하고 예의 있는 거절은
오히려 호감을 불러일으킨다

상대의 의견에 찬성할
수 없을 때, 특히 상대가 윗사람인 경우에는 아무래도 '노'라고 말
하기 힘들다. 거절을 하면 '버릇없는 녀석'이라고 여겨져 이후의 인
간관계에 금이 가진 않을까 하는 걱정도 된다.

그러나 때로는 오히려 상대에게 반론하는 것도 필요하다. 그것이
논리정연하고 실례가 되지 않는 범위에서라면, 상대도 그것을 인정
하고 보다 호감을 갖게 될 것이다.

의견이 다르다고 생각될 때나 무리한 일이 주어졌을 때는 확실히
이야기하자.

"말씀하신 것은 충분히 알겠습니다. 하지만 저는 이렇게 생각합
니다"하고 상대의 이야기를 충분히 들었음을 알린 후에 자신의 생
각을 펼친다. 그런 다음 그것을 상대가 어떻게 받아들이는가도 충
분히 듣지 않으면 안 된다. 그것이 기분 좋게 이루어지면 상대의 감

정을 해치는 일 없이 '제대로 된 생각을 가진 인간'이라고 평가되어 신뢰받는다.

가끔 드라마 같은 데서 "부장님 말씀은 알겠는데요" 하고 이야기를 자르고 들어오는 장면이 있는데, 중요한 것은 상대가 이야기를 끝낼 때까지 기다린 후에 자신의 생각을 정리해서 말하는 것이다.

이것을 하나의 테크닉으로 사용하는 방법도 있다.

예를 들면, 상사에게서 3일 이내에 일을 마무리하라는 명령을 받았을 때 "죄송합니다. 그 날짜로는 지금 일의 흐름으로 봐서 꽤 힘들겠어요. 하지만 어떻게든 해보겠습니다" 하고 무리일지 모른다는 것을 전한 다음 승낙하는 것이다. 부하직원의 모습을 보고 상사는 언제나처럼 가볍게 승낙하지 않아 '뭔가 사정이 있나' 하고 생각하게 된다. 그러나 말끔히 일을 기일까지 해내면 '곤란을 딛고 일을 해내는 인간이다'라고 다시 보게 될지 모른다.

단, 이것은 언제든 사용할 수 있는 방법은 아니다. 곤궁에 처했을 때의 마지막 카드로 남겨두자.

습관적으로 오후 늦게 일을 주는 상사를 만났을 때

A: 이 서류, 내일 아침까지 정리해서 보고하게.

B: 죄송합니다. 내일 아침까지 하려면 야근을 해야 하는데 오늘은 제가 어길 수 없는 약속이 있습니다. 내일 일찍 출근해서 오전까지 보고 드리겠습니다.

처음부터 이렇게 나오면 일하기 싫어서 그러는 줄 안다. 잘 받아 주다가 방심하고 있을 때 정중하게 거절하면 늦게 일을 주는 습관을 바꿀 수 있다.

피하고 싶은 화제에서의 '노'는
쿠션 단어를 사용하자

어떤 사람이 꺼낸 화제가 그 자리에 있는 누군가를 상처 입히는 경우가 있다. 이럴 때 "그 이야기는 ○○씨에게 싫은 기억을 떠올리게 하니 그만둡시다"라고 말하면 오히려 그 사람을 더 이상 그 자리에 있을 수 없게 만들어버린다. 이럴 때는 조금 전의 화제로 돌아가는 것이 바람직하다. 회의에서라면 "시간이 없으니 본론으로 돌아갑시다"라고 말하는 것이 좋다.

만약 그저 잠시 수다 떠는 자리라면 "지금 발견했는데, ○○씨가 차고 있는 시계 정말 멋진데요" 등으로 전원의 주목을 다른 곳으로 향하게 하는 것이 좋다. 분위기에 따라서는 "우리 차 마셔요. ○○씨 도와주실래요?" 하고 이야기를 꺼낸 상대에게 부탁하는 방법도 있다.

그 자리를 어떻게든 지켜보려고 하면 할수록 분위기가 어색해지는 경우가 많다. 이 때는 한숨 돌리는 쿠션 같은 역할의 말이나 분위기를 바꾸는 행동이 효과적이다.

"이야기가 왠지 너무 무거워진 거 같은데, 화제 좀 바꿔볼까?"라고 해보는 것도 좋을 것이다. 이런 때는 말도 중요하지만, 어디까지나 온화한 표정을 잃지 말아야 한다.

또한 뭔가 물어도 이야기하고 싶지 않을 때, 상대의 질문에 답하고 싶지 않을 때가 있다. 답을 모른다는 것을 상대에게 알리고 싶지 않을 때, 생각 없는 말로 꼬투리 잡히고 싶지 않을 때, 지금 이 말을 하면 손해 본다는 생각이 들 때 등의 경우다.

그럴 때 상대의 질문 공세를 요령 있게 피하기 위해서는 역으로 상대에게 질문을 한다.

예를 들어 "뭔가 제게 하고 싶은 말이 있는 거 아닙니까?"와 같이 추궁당하는 질문을 받은 일이 있다고 하자. 그럴 때에는 "당신이야말로 할 이야기가 있는 건 아닌지?"라고 상대에게 질문을 되돌려주는 것이다.

역으로 질문을 던지는 것만으로 상대는 생각에 틈이 생겨 기세를 잃고 추궁의 손을 늦출 것이다.

사람이 집요하게 탐색을 계속하려 들 경우에 '노'라고 말하고 싶으면, 그 역질문으로 '노'의 의지를 전할 수 있다.

단, 상대가 격해져 있을 때 나도 같은 감정으로 응대하면 아수라장밖에 안 된다. 어디까지나 냉정하게 대응해야 할 것이다.

또한 상대에게 숨 돌릴 틈도 주지 않고 이런 말들을 던지면, 상대

는 점점 더 흥분하기 때문에 처음에는 황당한 표정을 지어보이는 편이 나을지도 모른다. 그렇게 하면 상대도 말이 지나쳤다고 생각해 조금은 톤을 낮출 것이다.

상대가 진정된 것을 살펴 부드럽게 말을 던지는 것이 현명한 대응으로, 상대에 대한 효과와 동시에 동석한 사람들에게도 인정받는 결과를 낳는다.

누군가 나에게 따지러 왔을 때

A: 요즘 나한테 무슨 불만 있어?

B: 그러는 너야말로 나한테 불만이 많은 것 같은데?

상대의 불만 사항을 모르고 섣불리 대답하다가는 곤경에 처할 수도 있다. 불만이 있느냐고 묻는 것은 자신이 불만이 있기 때문이다. 그것을 먼저 들은 후에 대답을 해야 한다.

구입하고 싶지 않을 때는
상품에 대한 불만을 말하지 않는다

백화점에서 우연히 눈에 띈 스웨터를 잠시 보고 있노라면, 어느새 점원이 가까이 와 있다.

"멋지죠? 이탈리아제랍니다."

"근데 색깔이…… 난, 이런 화려한 색은 별로 안 입는데……."

"그렇다면 이건 어떠세요?"

그렇게 점원의 수완에 말려들기 시작하면 예정되지 않은, 그것도 고액의 물건을 사게 되고 만다. 여성이라면 한 번쯤은 이런 경험이 있을 것이다.

마케팅의 세계에서는 '불만은 정보'라는 말이 있다. 이럴 때 상품의 불만을 말하는 것은 사기 위한 조건을 일부러 가르쳐주는 꼴이 되어, 점원이 비집고 들어올 틈을 주고 만다.

만약 그 불만이 해결되면 사지 않을 이유가 없어지기 때문이다.

그러므로 정말 사고 싶지 않을 때는 이쪽의 불만이나 조건을 제시하지 않은 채 "멋지긴 하지만 지금은 필요 없어요"라든가, 아니면 "미안해요. 그냥 구경만 하는 거예요. 사려는 게 아니에요"라고 잘라 말한다.

만약 왜 필요 없는지 이유를 물어도 어디까지나 '필요 없다'로 밀고 나가야 한다. 이유를 말하는 것은 조건을 붙이는 것과 마찬가지가 되어, 앞에서 이야기했듯이 조건만 만족시키면 구입하지 않을 수 없게 된다.

"그만한 현금이 없어요."

"카드도 괜찮습니다. 분할이라도……."

이렇듯 거절을 못하게 되면, 다음 달부터 몇 개월이나 카드 청구서를 보고 후회하게 될 것이다.

아이 쇼핑을 갔을 때

A: 신상품 출시 기념으로 30% 세일을 하고 있습니다.

B: 가격도 저렴하고 옷도 예쁘네요.

이렇게 말하면 점원도 할 말이 없어진다. 이때 한 마디 덧붙이자.

"하지만 지금은 구경만 하는 거라서요. 그래도 되죠?"

다음 기회로 미루면
상처 입히지 않고 거절할 수 있다

일을 하다보면 단순히 업무적인 차원에서의 거절일 뿐인데도 그것을 제안한 사람 자체를 거부한 듯한 느낌이 들기도 한다. 그러다 보면 '노'라고 확실하게 말하는 것을 망설이게 되고 만다.

상대를 상처 입히지 않으며 '노'라고 하고 싶을 때는 '다음 기회에'라든가 '이것으로 단념 말고'와 같은 말을 이용하는 것이 좋다.

이러한 표현은, 실제로는 '노'지만 100% '노'라고는 잘라 말할 수 없는 느낌이 있다. 그러므로 '다음에'라고 하면 듣는 쪽은 "그렇다면 다시 들리겠습니다. 그 때는 부탁드리겠습니다"라고 하며 악감정을 갖지 않고 물러설 수 있다.

이 때 양자의 관계가 일방적으로 끊어지는 일은 없다. 실제로는 '다음은 귀신도 모른다'는 것을 알고 있지만, 자신의 인격이 부정되었다고 느끼지 않을 수 있기에 물러날 수 있는 것이다.

확실하게 '노'라고 말하는 것으로 오히려 좋은 관계가 지속될 수 있는 일도 있으며, 그 반대도 있다. 인간은 감정의 동물이라는 점을 염두에 두고, 우선 상대의 주장이나 요구를 들은 다음에, 어떤 식으로 '노'의 의지를 전하면 좋을지를 생각하는 것이 원활한 인간관계의 필수적인 요소다.

구체적인 시일을 요구하는 경우

'다음 기회에'라며 거절했는데, '그러면 언제쯤'이라고 묻는 경우가 있다. 손쉽게 '다음 달쯤'이라고 대답하기 쉬운데 그러면 다시 약속을 한 것이 되어 버린다. 이럴 때도 비슷한 방식을 구사해야 한다. '지금 말씀 드리기는 어려운데요'라고 버텨야 한다.

먼저 사과해 버리는 것으로
거절당한 상대의 불만을 없앤다

길거리 등에서의 캐치 세일즈에 잡혀 거절을 못한 채 그저 이야기를 듣고 마는 경우가 있다. 한시라도 빨리 도망치고 싶은데 끝까지 이야기를 들은 결과, 필요도 없는 고액의 상품을 안게 된다면 최악이다.

그럴 때 사용할 수 있는 것이 상대의 기세를 제압하는 '미안해요'라는 사과의 말이다. 아무것도 나쁜 짓을 하지 않고 사과하는 것이 내키지 않을 수도 있지만, 이 경우는 집요한 권유로부터 도망치기 위한 방편이라고 납득하면 된다.

"미안해요. 지금은 시간이 없어서 이야길 들을 수가 없네요"라고 말하면 상대의 강경함도 느슨해진다.

마땅한 거절 이유가 생각나지 않을 때도 마찬가지다. '당신의 기대에 응하지 못해서 안 됐지만'이라고 말하면 권유하는 쪽의 논리에 서서 사과하고 있기 때문에 권유자의 얼굴도 선다.

Chapter 4 **NO라고 확실히 말하기 위해서는**

그러므로 "미안해요, 오늘은 안 되겠어요" "괜찮습니다, 미안해요" 하고 먼저 사과를 해버리면, 권유하는 쪽도 그 이상은 아무 말도 할 수 없게 된다. 더 이상 쌓아올릴 설득의 논리도 없으며, 사죄받은 것으로 인해 기대를 저버렸다는 불만도 수습할 수 있다.

이것은 단순히 모르는 사람으로부터의 권유에 한정된 것이 아니다. 친구 등 주위의 사람에게서 받은 제안을 거절할 때에도 효과적인 말이다. 친한 친구나 지인이 갑작스레 식사를 같이하자고 연락해 왔을 때 등, 상대가 친한 사람일수록 거절하기 힘들다.

"오늘은 ○○의 일이 있어서 못 갑니다" 하고 직접적인 이유를 말하면, 상대는 기대를 배반당했다는 생각 때문에 상심할지도 모른다. 따라서 "미안해요. 오늘은 사정이 좋지 않아서" 하고 일단 사과해 버린다.

상대의 기대에 대한 거부를 사죄하는 것으로 불만을 완화시킬 수 있고, 그렇게 되면 그 후의 인간관계에 금이 가는 것을 미연에 방지할 수 있다.

친구가 끈덕지게 술자리에 나오라고 할 때

A: 다들 너 보고 싶다고 해. 얼른 나와라.
B: 미안, 오늘은 사정이 안 좋아.
A: 네가 없으니까 재미가 없다. 얼굴만 비추고 가.
B: (일이 많다든가 피곤하다든가 하는 말을 하지 않고) 미안해. 다음에 보자.

이야기를 중지시키고 싶을 때는
'우선은' 으로 보류한다

'우선' 이라는 말에는 '먼저' 라는 의미가 있어, "우선 이것부터 시작합시다" "우선 부장님의 인사말부터"와 같이 사용하고 있는데, 이야기를 일시 중단시킬 때도 쓸 수 있다.

예를 들면 상대가 격한 말투로 불만을 토로하기 시작했을 때 "우선 앉으시죠", 걱정거리를 상담해 왔을 때 "우선 차라도……" 하고, 이야기를 잠시 보류하는 효과를 지닌다. 이것은 일시적인 '노' 를 나타내고 있는데, '당신의 이야기는 나중에 천천히 들을 테니 지금은 관둡시다' 라고 하는 뉘앙스가 있다. 상대에게 소프트한 인상을 주는 대화법이다.

앉아서 진정이 되거나 차를 마시고 한숨 돌리거나 하면, 상대는 조금은 냉정을 되찾은 후에 이야기를 하게 된다. 또한 자신은 거절당한 것이 아니라 이제부터 천천히 이야기를 할 수 있다는 것에 안

도감마저 생긴다.

이쪽도 상대를 관찰하여 어떻게 대처해야 좋을지를 궁리할 시간이 생긴다. '우선'이라는 말은 문제 그 자체를 해결하는 데는 아무런 효과도 없지만, 그 자리의 분위기를 한순간 수습하는 데는 효과 있는 말이다.

같은 의미로 사용하는 말에 '일단은'이 있지만, 상대에게는 조금 불성실하게 들릴지도 모른다.

"일단 해놔봐" "일단은 잘 이야기 해놓았으니까"와 같이 일시적으로 얼버무리는 기분이 드는 장면에서 사용하는 일이 많기 때문인지도 모르겠다. 골치 아픈 이야기, 걱정거리 같은 이야기는 '우선은'으로 상대에게 소프트하게 접하는 편이 무난하다.

'우선은'으로 흐름을 끊고 하고 싶은 말을 하자

"우선은 밥부터 먹으면서 이야기하자."

"우선 이 안건부터 처리하고 넘어갑시다."

"우선 당사자에게 물어 보자."

"우선은 내 일부터 끝내 놓고…"

chapter 5

자신의 의견을
통과시키기 위해서는

'3' 을 이용하는 것만으로
의견에 주목시킨다

예로부터 3이란 숫자를 사용한 말이 많이 있다. '장군 3가' '3대 현인'에서부터 '세 마리 돼지', '세 자매', '베스트 쓰리'에 '워스트 쓰리'까지, 특출한 것을 나열할 때 많이 이용되었다. 3이라는 숫자는 많지도 적지도 않은 적당한 숫자이기에 좋은 것이다.

또한 송松·죽竹·매梅나 상·중·하, 옷 사이즈의 L·M·S 등, 물건을 세 가지 랭크로 구분하는 경우도 많다. 이것은 사물을 세 가지의 요소로 분리하는 것이 비교적 쉽기 때문이다. 먼저 질이나 양의 양극단을 생각하고, 그 다음에 중간을 끼워 넣으면 되기 때문에 누구에게든 이미지가 쉽게 떠오른다.

3은 많지도 적지도 않은, 인간이 그 내용을 이미지화하거나 기억할 수 있는 적당한 양인 것이다.

이것은 회의 등에서 의견을 펼칠 때에도 활용할 수 있다.

"이 기획에는 몇 가지 문제점이 있습니다"라고 하기보다는 "이 기획에는 세 가지 문제점이 있습니다"라고 말하는 편이 상대의 흥미를 끌기 쉽다. 만약 "문제점이 열 개 있습니다"란 소릴 들으면 '뭐? 지금부터 열 개 분량의 설명을 들으라는 거야!' 하고 지겨워할 것이고, 들은 다음에도 내용을 파악하기 어렵다. 설명을 듣는 입장에서도 세 가지로 나눠진 문제 제시는 머릿속에서 이미지화하기 쉽기 때문에 상대의 의견도 수월하게 받아들여진다.

반대로 문제점을 열 개로 집약하면 단순히 나열한 것뿐인 듯 생각되어져 '이 사람은 문제 정리가 되어 있지 않군'이라는 인상을 주고 만다.

"문제점이 세 개 있습니다"라는 말투는, 듣는 입장에서 볼 때 '이 사람은 문제를 부족함 없이 정리하고 있군'이라고 느끼게 하여 '이 사람 이야기라면 들어보자'라는 기분을 만든다.

그러므로 회의나 협상 전에는 문제점이나 제안하고 싶은 것을 세 가지로 간결하게 정리하여 이야기할 수 있도록 준비해 둘 필요가 있다.

도저히 세 가지로 압축되지 않을 때
문제가 너무 많아서 그야말로 '총체적 난국'이라고 부르고 싶은 상황을 만날 때가 있다. 이럴 때는 세 가지로 압축하기 힘들 것처럼 보인다. 도저히 압축이 되지 않을 때는 과감하게 세 가지만 골라내고 나머지는 과감하게 버리자. 일단 당신의 이야기에 설득력이 있으면 나머지 문제는 천천히 이야기해도 늦지 않다.

Chapter 5 자신의 의견을 통과시키기 위해서는

타사 제품의 결점은 피하고
자사 제품의 장점을 말한다

고객에게 상품을 판매할 경우, 타사 제품과 비교하여 이 점이 보다 우수하다는 식의 설득 방법이 자주 이용된다.

이것은 미국의 CM에서 자주 발견되는 방법이다. 코카콜라와 펩시콜라의 시장 점유율 전쟁이 격렬해지면서 서로 상대방의 상품을 헐뜯던 CM은 특히 유명하다.

또한 미국 대통령선의 선거 운동에서는 대립 후보의 결점을 늘어놓아 자신의 입장을 유리하게 만드는 '네거티브 캠페인'이라는 방법도 상투 수단이 되어 있다.

상대에 관한 험담을 하는 행위는 상대의 이미지 다운을 목표로 하는 것이다. 그렇게 상대의 사회적 가치를 끌어내림으로써 그 반동으로 자신의 이미지 업을 기대하고 있다.

그러나 실제로는 비판받은 쪽과 함께 비판한 쪽의 이미지도 함께 다운되는 경우가 많다. 이것은 '비판한다=험담을 한다'로 받아들이는 일이 많기 때문이다. 논리정연하게 비판하는 것과 감정에 치우쳐 험담을 늘어놓는 것을 똑같은 짓이라고 생각하는 것이 미국과의 큰 차이점이다. 다른 이를 비판하는 일이 오히려 자신의 품위를 떨어뜨리고 말아 결과적으로는 이미지 다운과 연결된다.

그러므로 자사의 판매를 위해 타사 제품을 험담하는 행위는 소비자에게 좋은 인상을 주지 못한다.

"타사의 제품에는 이런 결점이 있어서……"라는 말투는 피하고, 자사 제품의 플러스 면을 주장하는 것이 좋다.

사람은 사물을 이해할 때 부정적인 정보보다는 긍정적인 정보 쪽에 쉽게 영향을 받는다.

"우리 제품은 이런 부분이 뛰어납니다" 하고 스트레이트로 자신의 플러스 면을 강조하는 편이 상대도 납득하기 쉽다.

Self Tip!
상황
토크

고객이 타사 제품과 비교 평가를 원할 경우
고객 중에는 다른 회사 제품에 비해 어디가 좋고 나쁜지를 설명해주기를 원하는 사람도 있다. 고객으로서는 당연한 요구이다. 이 때는 타사와 자사의 장단점을 모두 설명해주는 것이 좋다. 그 후에 자사 제품의 장점이 고객에게 더 도움이 될 거라는 점을 강조해야 한다. 설명이 편파적이면 고객은 신뢰를 하지 않는다.

긍정적인 정보를 먼저 줌으로써
좋은 인상을 심어준다

사물에는 언제나 겉과 속의 양면성이 있어서, 플러스 면이 있으면 마이너스 면도 있다. 따라서 그 양면을 파악했을 때 정확한 판단을 내릴 수 있는 것이다.

예를 들어 상사에게 어떤 문제에 대해 보고하라는 명령을 받았다고 하자. 이 때 당신이 그 문제에 관한 플러스와 마이너스의 양쪽 면을 조사하여 보고하지 않는다면, 상사는 바른 판단을 내릴 수 없다.

여기에서 주의해야 할 것은 플러스 면과 마이너스 면 중 어느 쪽을 먼저 내놓을 것인가 하는 문제이다. 어느 쪽이 먼저인가에 따라 상사에게 주는 인상이 180도 달라지기 때문이다.

이 문제에 관해 심리학자인 앗슈는 동료들과 다음과 같은 실험을 하였다.

한 인물의 평가가 쓰여 있는 A와 B의 문장이 있다. A에는 그 인물의 외향적인 면이, B에는 내향적인 면이 쓰여 있다.

이 A와 B의 문장을 한쪽 그룹에게는 A→B라는 순서로 읽게 하고, 다른 한쪽 그룹에는 B→A라는 순서로 읽게 했다.

그런 다음 그 인물에 대한 평가를 들어보았다. A→B의 순, 즉 외향적인 면을 먼저 읽은 그룹은, 그 인물이 사교적이고 친해지기 쉬우며 행동적이라는 플러스 평가를 해주었다. 한편 B→A의 순으로 읽은 그룹은 그가 내성적이고 소극적이며 친해지기 어렵다는 평가를 내렸다.

또 다른 실험에서는 두 사람의 성격을 쓴 문장을 제시하였다. 문장의 내용을 요약하면, 두 사람의 성격은 다음의 순서로 기재되어 있다.

C씨…… 지적, 비판력이 있다, 결단력이 있다, 고집이 세다, 질투가 강하다

D씨…… 질투가 강하다, 고집이 세다, 결단력이 있다, 비판력이 있다, 지적

자세히 보면, C씨와 D씨는 완전히 똑같은 성격을 가지고 있음을 알 수 있다. D씨의 특성은 단순히 C씨의 성격을 반대 순서로 기술한 것에 지나지 않음에도 불구하고, 여기에서 사람들이 받는 인상은 완전히 다르다.

이것이 '초두初頭 효과'라고 불리는 심리적 효과이다. 다시 말해, 처음에 나쁜 인상을 품으면 그 후에 좋은 인상의 데이터가 출현해도 계속하여 나쁜 인상을 품으며, 처음에 좋은 인상을 얻으면 나중

에 나쁜 데이터가 제시된 경우에도 그것을 호의적으로 해석하려는 심리가 작용한다는 것이다.

그러므로 무언가에 대해 의견을 관철시키고 싶을 때는 "이런 메리트가 있습니다" 하고 먼저 메리트를 나열하는 것이 효과적이다.

첫인상을 호의적으로 형성해 두고, 디메리트를 나중에 제시하는 편이 자신의 의견을 통과시킬 성공률이 높아지는 것이다. 물론 디메리트에 관해서도 정확히 나열해야 함은 두 말할 필요도 없다.

장점을 먼저 말할 때

A: 추진력이 대단합니다. 어지간한 일에는 좌절하지 않고 거침없이 진행하는 사람입니다. 다만 일처리가 꼼꼼하고 세밀하지는 않습니다.

B: 추진력이 있으려면 세밀한 부분에는 대범해야지.

단점을 먼저 말할 때

A: 일처리가 꼼꼼하고 세밀하지 않습니다. 다만 추진력이 대단합니다.

B: 일을 저질러만 놓고 수습이 안 되는 사람이군요.

결론을 먼저 말하고
마지막에 반복해 못을 박는다

일을 원활하게 진행시키는 원칙은 부하가 상사에게 정확한 보고를 하는 것에 있다. 보고를 제대로 하는 것은 샐러리맨에게 빠질 수 없는 능력의 하나라고 할 수 있다.

사물을 설명하는 방법에는 '신문형'과 '추리소설형'이 있다.

신문은 통상 큰 표제→작은 표제→기사의 본문 순의 구성으로 되어 있다. 신문형이라는 것은, 먼저 결론을 이야기한 다음 점점 세부 사항으로 옮겨가는 설명 방식이다.

다시 말해 큰 표제어로 무엇이 일어났는가를 개괄적으로 알리고 다음에 작은 표제어로 기사의 포인트를 알린다. 그리고 마지막으로 본문에서 상세한 정보를 주는 것이다. 기사의 본문도 중요도가 높은 순서대로 정리되어 쓰여 있는 경우가 많다.

상사에게 하는 보고나 자신의 의견을 발표할 때는 신문형을 이용해서 전하고 싶은 것부터 순서대로 이야기해 가는 것이 좋다. 듣는 쪽은 이해하기 쉽고 결론이 먼저 나와 있기 때문에 시간이 정해져 있을 경우에 적합하다고도 할 수 있다.

여기에서 잊지 말아야 할 것은 마지막에 "중요한 부분이기에 다시 한 번 말씀드리지만……" 하고 결론을 반복하는 일이다. 이것은 끝에 한 말이 듣는 이의 인상에 가장 강하게 남기 때문으로 '클라이맥스법' 이라고 부른다.

반대로 추리소설형은, 결론을 최후로 미뤄놓고 듣는 이의 흥미를 끌어가면서 핵심 부분을 최후에 밝히는 수수께끼 풀이 같은 이야기 방법이다. 신문형의 '클라이맥스법' 의 대칭으로, 추리소설형은 '안티 클라이맥스법' 이라고 불리고 있다.

이 방법은 이야기의 과정에 따라 단계적으로 이해를 해나가며 마지막에 이르러서야 결론이 나기 때문에, 시간 제약 없이 천천히 이야기할 수 있는 경우에 적합하다. 이야기하는 이의 주관을 배제할 수 있는 것도 이 방법이다.

단지 이 경우는, 자신이 지금부터 어떤 이야기를 하려 하는지를 처음에 예고해 놓는 것이 중요하다. 상대에게 미리 이야기의 테마를 이해시켜두지 않으면 흥미를 갖지 못한다.

"실은 아주 흥미 있는 테마를 발견했답니다."

"요전에, 내가 태어나서 한 번도 경험해 보지 못한, 아주 굉장한 일이 있었답니다."

이렇듯 이야기의 앞에 서론을 붙여두면, 듣는 쪽도 이제부터 어떤 이야기가 전개될 것인지 흥미를 가지고 접해 준다.

신문형은 논리적인 보고에 어울리고, 추리소설형은 강연이나 작은 스피치를 할 때 적당하다. 어느 쪽의 전개 방법을 취하는 것이 효과적인지 잘 생각해서 사용해야 할 것이다.

언제 어떤 방식으로 이야기해야 할까?

신문형: 상대가 당신의 이야기를 들을 의무가 없을 때, 상대가 언제든 당신의 이야기를 중지시킬 수 있을 때

추리소설형: 상대가 당신의 이야기를 들을 마음이 있거나 들을 수밖에 없을 때, 요즘 정리보다는 감동이나 설득이 필요할 때

Chapter 5 자신의 의견을 통과시키기 위해서는

때로는 일부러
침묵의 시간을 만든다

'침묵은 금, 웅변은 은'
이라는 속담이 있다. 사람을 설득할 때에는 때로 침묵의 시간을
사이에 두는 방법이 효과가 있다.

이러한 침묵 시간의 중요성을 대화에 아주 잘 이용한 이가 링컨
대통령이었다고, D. 카네기는 《화술 입문》에서 서술하고 있다.

링컨은 웅변가였지만 강조하고 싶은 것이 있으면 먼저 그것을 말
한 다음 잠시 시간을 두고 그 사람의 눈을 조용히 바라보았다.

그렇게 함으로써 그 말을 듣는 이의 마음 속 깊이 새겨두려고 했
던 것이다. 즉, 웅변과 침묵의 사용법이 교묘했던 것이다.

굳이 말을 걸지 않고 침묵하는 것으로 상대에게 최대한의 배려를
표시할 수 있는 경우도 있다. 예를 들면, 친구나 동료가 불행한 일
을 겪거나 힘든 일에 접하게 되었을 경우가 그렇다.

"힘들었지" "지금 기분이 어떠실지 이해가 갑니다" "너무도 안

된 일이었어요" 따위의 그 어떤 말로 위로하려 해도 상대에게는 허무하게 들리고 만다. 이러한 때는 단지 입을 다물고 그 사람의 옆에 함께 있어주는 것만이 상대를 향한 안타까운 마음을 전할 수 있다.

비즈니스의 자리에서 의견을 관철시키고 싶을 때도 일순 침묵하는 것이 효과를 발휘하는 경우가 있다.

"……을 제안합니다"라고 이야기를 끝내고, 잠시 말없이 상대의 눈을 보거나 일동에게 눈을 돌린다. 이런 행위가 상대에게 '이 제안에 자신이 있군' '진지한 자세로 임하고 있군' 이라는 인상을 줄 수 있는 것이다.

침묵과 시선의 절묘한 조화
"내가 사랑하는 사람은……, 바로 너야!"
"이 문제의 핵심은……, 시간입니다."
"이 시점에서 과감한 투자가 필요합니다……(결정권자의 눈을 보며) 감사합니다."

재차 요약하는 것으로
상대의 주의를 환기시킨다

스피치는 3분 이내를 기준으로 하면 좋다고 한다. 집중력의 지속 시간에 한계가 있기 때문이다. 이 법칙은 두 사람의 대화에도 똑같이 적용된다.

이러저러한 이야기로 나름대로 재미있는 시간을 보냈는데, 어쩌다 침묵이 생겨나 어색한 분위기가 되는 경우가 있다. 이것은 집중력이 떨어진 시기로 결국은 이야기를 언제 끝내느냐 하는 타이밍이 중요하다. 그렇다고 어영부영 이야기를 끝내버리면, 이야기 전체의 인상이 엷어지고 만다.

이럴 때 끝에 이 한마디를 덧붙이는 것만으로 상대는 재차 당신의 이야기에 귀를 기울이게 될 것이다.

"오늘, 제가 말씀드리고 싶었던 것은……."

"한마디로 말하면……."

이렇게 말하면, 어색함을 느끼고 있던 상대도 '아, 이것으로 이 사람의 이야기에도 결론이 나는구나. 다시 한 번 들어두자' 라고 생각한다.

돌아온 상대의 마음을 잡은 그 때, 지금까지 이야기한 내용을 총괄하면 된다. '클라이맥스 효과' 라고 하여, 듣고 있는 쪽에서는 마지막 부분에 가장 강한 인상을 받기 때문이다.

단, 대화에서도 스피치와 마찬가지로 기승전결이 필요하다. 마지막이 확실하다고 해도 전체 내용이 싱거운 이야기라면 별 수 없는 것이다. 대화를 잘 엮어서 '전' 에서 '결' 로 제대로 이끌어주면, 상대는 당신과 다시 이야기하고 싶어질 것이다.

Self Tip!
상황 토크

'요약하면' 으로 어색한 분위기를 깨자

업무라면 철저한 준비가 필요하지만 친구들 사이에서까지 그럴 필요가 있을까. 생각나는 대로 이야기하다 보면 배가 산으로 가는 경우가 생긴다. 이럴 때 '요약하면' 을 이용한 농담으로 어색한 분위기에서 탈출하자.

"(한참 중구난방으로 이야기한 다음) 그러니까 요약하면, 잘 먹고 잘살자는 거지."

Chapter 5 자신의 의견을 통과시키기 위해서는

마지막에 발언하면
의견을 통과시키기 쉽다

회의 등에서 자신의 의견을 통과시키고 싶을 때는, 발언하는 순서에 신경을 써두는 일이 중요하다.

첫 발언자는 모두의 주목은 받지만, 그 다음에 발언할 사람에게 질문이며 반론을 받기 쉽다. 중간에 발언하면, 이미 비슷한 의견이 나와 있거나 집중하여 들어주지 않아서 출석자의 기억에도 남지 않고, 주목받지 못하는 일이 있다.

듣고 있는 쪽에 가장 강한 영향을 미치는 것은 회의의 가장 마지막 발언이다.

이에 관해서는 미국의 심리학자 앤더슨에 의한 실험이 있다.

실제 있었던 한 사건을 소재로 모의재판을 열어, 어떤 증언에 배심원의 판단이 변화될까를 살펴본다는 내용이다.

길이가 같은 여섯 개의 증언 가운데 변호인 측과 검사 측이 각각

세 개씩 증언하도록 한 결과, 배심원의 판단에는 가장 마지막 증언이 결정적으로 작용했음을 알았다.

다음에 변호인 측이 여섯 개, 검사 측이 여섯 개로 증언의 수를 바꿔보았지만, 역시 배심원의 판단은 열두 번째, 즉 가장 마지막 증언에 좌우되는 결과를 낳았다.

이것을 심리학에서는 '친근親近 효과'라고 하는데, 사람은 가장 최근(가장 새로운 과거)에 주어진 정보에 좌우되기 쉽다는 것이다.

이러한 것으로 보아도, 회의 등에서 의견을 말할 때에는 마지막에 논하는 것이 좋다.

"여러분의 의견을 모아본 결과……"로 운을 떼어 그 때까지의 토론을 정리하고, 그 위에 자신의 의견을 주장해 보자. 출석자들은 당신이 논한 의견에 강한 영향을 받아 납득해 줄 것이다.

단 '좋은 부분만 빼갔군'이란 인상을 안겨주지 않기 위해, 그 때까지 발언된 의견을 존중하는 성실한 태도를 잊지 않는 것이 필요하다.

Self Tip!
상황
토크

친구들끼리 식사 메뉴를 정할 때
A: 삼겹살 먹으면서 술 한 잔 하는 게 좋겠지?
B: 일단 얼큰한 찌개에 저녁부터 먹자.
C: 니들 의견을 종합해서, 얼큰한 닭볶음탕으로 밥도 먹고 술도 마시자.

상대에게 충고를 부탁해
의견을 통과시킨다

절대적인 자신감을 가지고 제안한 기획이나 아이디어가 제대로 힘 한 번 못 써보고 채용되지 않을 때가 있다. 그 이유를 생각해 보았을 때, 내용에 문제가 없다고 판단될 시에는 제안 방법에 문제가 있었던 것은 아닐까 되짚어 보아야 한다.

예를 들면 상사에게 말문을 여는 방법으로 두 가지 패턴을 생각할 수 있다.

하나는 "이 기획은 ○○라는 점과 △△라는 점에 특히 자신 있습니다"라고 논리적으로 기획의 뛰어난 점을 호소하는 방법이고, 다른 하나는 "이런 기획을 생각해 보았습니다만, 뭔가 문제점은 없는지 한번 훑어봐주시겠습니까?" 하고 상대의 의견이나 감상을 구하는 방법이다.

이 경우, 후자의 말투가 상사에게는 받아들이기 쉽다.

상담을 의뢰하는 듯한 분위기로 이야기하면 상사는 자신이 의지

가 된다. 평가받고 있다고 느껴서 부하직원에게 좋은 감정이 생겨
난다.

또한 부하직원에게 어드바이스를 해준 것으로 말미암아 상사 자
신이 함께 기획에 참가한 것이 된다.

사람은 자신의 의견이 들어간 내용에 반대 의견을 내기 힘들다.

그러므로 상사에게 기획이나 아이디어를 제안할 때는 "어떻습니
까?" "어떻게 생각하십니까?" "의견을 여쭙고 싶은데요" 하고, 함
께 그 내용을 생각해 보도록 하는 한마디를 덧붙이는 것이 좋다.

기획안이 2% 부족하다고 느낄 때

A: ○○ 씨, 지난주에 말한 기획은 어떻게 되어 가나?

B: 거의 다 됐는데 조금 부족한 것 같습니다. 과장님께서 한번 봐주시면 마
무리가 될 것 같습니다.

09

질문 형식으로
상대의 생각을 변화시킨다

상사가 확실하게 틀린 의견을 말하고 있을 경우라도, 그것에 반론하는 것은 정말 쉬운 일이 아니다. 상대의 감정을 무시한 말투가 되면 바른 의견이라도 받아들여지기는커녕 나중에까지 감정적인 응어리를 남기게 된다.

반론의 방법에는 다음과 같은 패턴을 생각할 수 있다.

① 분명히 말씀하신 대로입니다. 그렇기 때문에 오히려 이런 생각도 할 수 있는 것이 아니겠습니까……

② 기본적으로는 찬성입니다만…….

③ 말씀은 잘 들었습니다만…….

④ 한 가지 질문을 드려도 되겠습니까?

①의 말투는, 상사의 의견을 일단 존중하는 자세를 보인 다음 자신의 의견을 서술하는 방법이다. 상사의 의견을 베이스에 두면서 다른 면에서 검토를 더하는 듯한 인상을 주기 때문에 감정적으로

반발당하는 일이 적어진다.

②의 반론 방법은 조금 스트레이트다. '반대 의견을 내는군' 하는 인상을 주어서 상대에게 방어 자세를 취하게 한다. 단, 적대감은 포함되지 않은 말투이기에 허용 범위에 있다고 할 수 있다.

③은 정중한 말투이긴 하지만, 어중간한 마음으로 사용해서는 안 된다. 그 말에는 적대한다는 뉘앙스가 포함되어 있기 때문이다.

이 가운데 상사가 가장 받아들이기 쉬운 말투는 ④이다.

다이렉트한 반대 의견이 아니므로, 상대의 자존심이나 프라이드를 상처 입히는 일은 없다.

"한 가지 질문해도 되겠습니까? 이런 경우에는 어떻게 하면 되겠습니까?" 하는 질문 형식을 취하면, 상대는 자신의 의견에 대해 자문자답하는 것이 된다.

'그렇군, 그런 일도 있겠군. 이건 근본적인 생각을 고치지 않으면 안 되겠는걸' 하고 상대는 자신의 의견을 객관적으로 다시 보게 되어 자발적으로 수정하게 된다. 그리하여 부하직원의 의견에 귀를 기울이는 마음의 여유도 나온다.

자신의 의견에 자신이 있고, 그것을 통과시키지 않으면 안 될 국면에서는 밀고 나가려는 마음이 강한 만큼 말투가 세지기 일쑤다. 그러나 상대의 입장이나 성격을 생각했을 때 상대를 세워주는 편이 결과적으로는 자신의 의견을 통과시키는 경우도 있는 것이다.

상사 스스로 결점을 인정하게 하는 법

A: 이번 상품(광고, 기획 등)의 콘셉트는 20대 여성의 여유로 잡았네. 여기
에 집중해서 일을 추진하게.

B: 네, 알겠습니다. 이미 나와 있는 타사의 같은 콘셉트와 차별화시키는 게
첫 번째 과제가 되겠군요?

A: 그, 그렇지.

상사가 '그렇지' 라고 대답은 했지만 같은 콘셉트로 차별화 시킬 수는 없으
므로 어떤 식으로든 방향이 바뀌게 될 것이다.

10

자신의 입으로 말했다는 것만으로
생각이 바뀐다

자신이 발언한 것은 그 것이 본심에서 나온 것이 아니라 하여도 스스로 부정하기 힘든 일이다. 일단 입에서 내뱉은 말에 관해서는 일관성을 지니려고 하는 심리가 작용하기 때문이다.

이것의 응용이라고도 할 수 있는 세뇌 교육의 실화가 있다.

적군 포로에게 "너는 스파이를 키우는 임무에 관여했다는 혐의를 받고 있다. 그렇다면 사형이다. 그것을 밝히기 위함이니, 모두의 앞에서 이것을 읽어!"라고 하며, 동료 포로 앞에서 적국의 사상에 찬성하는 내용의 서면을 읽혔다. 그 후 "네 혐의는 잘못된 것임이 밝혀졌다"라고 그 포로에게 고하는 것이다.

그러자 서면을 읽도록 강요당한 대부분의 포로가 그 후 그 사상의 열렬한 신봉자가 되었다고 한다.

말하지 않아도 될 것을 말해 버린 포로는 그 사상을 마음으로부터 바르다고 생각하고 있기에 동료들 앞에서 그것을 읽은 것이라고 자신의 행위를 정당화하게 된 것이다.

이 예는 일상생활에서도 응용할 수 있다.

회의 등에서 찬성·반대를 결정하지 못한 사람에게 찬성파가 되어주길 바랄 때는, 회의 중에 그 사람을 지명하며 "그럼 여기서 찬부의 논점을 정리합시다. A씨, 먼저 찬성 의견을 모아주시겠습니까?"라고 의뢰한다.

지명 받은 A씨가 찬성 의견을 모아 줄 경우, 그 자신도 찬성으로 돌아설 가능성은 높다.

일단 입에서 나온 자신의 발언에 영향을 받는 마음의 원리가 그렇게 만드는 것이다.

나의 마음도 나의 말에 이끌린다
둘 중 하나를 놓고 고민을 거듭하다가 어쩔 수 없이 하나를 선택하는 일이 있다. 그러면 선택하지 못한 것에 대한 미련이 떠나지 않는다. 이럴 때는 혼자서라도(다른 사람에게 하는 것이 더 효과적이지만) 선택에 대한 확신을 말해보자. 그 말이 나를 이끌어 줄 것이다.

11

상담을 하고 싶을 때는 식사 제안으로
마음의 준비를 시킨다

무언가 상담하고 싶은 일이 있다거나 곤란한 일이 있을 경우, 누군가에게 상담하고 싶지만 좀처럼 말이 나오지 않을 때가 많다. 그럴 때 기죽지 않고 슬며시 상담거리를 털어놓으려면 어떻게 하면 좋을까? 이런 경우에는 음식을 함께 하는 편리한 방법이 있다.

왜 함께 식사를 하면 설득 효과가 높아지는 것일까? 그 이유가 전부 해명되어 있는 것은 아니지만, 입이나 위를 넉넉하게 하는 것이 정신적인 릴랙스 효과를 낳기 때문이라는 설이 있다. 다시 말해 먹고 마시는 것이 쾌청한 체험이 되고, 마음 편할 때는 마음도 솔직해진다. 그러므로 넓은 마음으로 상대의 말에 귀를 기울여 줄 수 있다는 것이다.

또한 무언가 입에 있으면 물리적으로도 입을 열기 힘들게 되고, 자연스레 상대의 이야기에 귀를 기울이게 되며 반론도 하기 힘들다.

선禪의 언어에도 '끽차법喫茶法'이라는 것이 있다. 절에 가면, 이 말이 액자가 되어 걸려 있는 것을 자주 볼 수 있다. 이것은 '일상즉 불법日常即佛法'이라는 선의 경지를 상징하는 말로 유명한데, 의미 는 '자, 차를 마시세요'라는 것이다. 모두가 녹차를 마시며 흉금을 털어놓고 환담하는 것으로 우호적인 분위기를 만들어냈을 터이다.

그러므로 그 자리에서 말하기 힘든 상담거리가 있는 경우는 "상 담하고 싶은 일이 있는데요"라고 말문을 열기보다는, "차라도 마실 까요?" "한잔 어때요?"와 같이 완곡한 권유의 말을 사용하는 것이 좋다. 차를 마시자라든가 한잔 하자는 제안을 받은 시점에서 상대 는 뭔가 상담할 일이라도 있나 싶은 예감을 지니기 때문에 마음의 준비를 할 수 있다. 따라서 실제로 술집에 들어갔을 때는 이미 이야 기를 들으려는 워밍업이 되어 있는 것이다. 거기에다 앞에 서술한 음식 효과가 가산되는 것이기 때문에 상담거리의 반은 해결된 거나 마찬가지이다.

반대로, 평소에 그다지 가벼운 마음으로 음식을 함께 하는 습관 이 없는 사람에게 차나 술, 또는 식사 등에 초대받았다고 하자. 이 때 그 사람과 복잡한 이야기나 가슴을 열고 이야기할 마음이 없다 면 초청을 거절하는 것이 좋다. 상대는 '이야기를 들을 마음이 없나 보다'라고 단념할지도 모른다. 그래도 권유가 계속될 때는 그 나름 대로의 자세로 임하는 것이 필요하다.

상대의 뜻에 따를 수 없을 때는 확실히 거절해야 한다. 그 자리의 분위기에 쓸려 애매모호한 태도인 채로 놓아두면 상대가 기대하기 때문에 서로 곤란하게 된다.

상사에게 부당한 꾸지람을 들었을 때

대부분의 사람은 자신이 잘못한 일에 대해서는 양심의 가책을 느끼기 마련이다. 그래도 상사의 입장에서 먼저 사과의 자리를 마련하기는 어렵다. 이럴 때도 커피 한 잔이 효과적이다.

A: (커피를 마시면서) 제가 일 처리에 미숙해서 부장님께 걱정을 끼쳤습니다.

B: 아니야. 딱히 자네 잘못은 아니었는데, 상황이 그래서. 미안하게 됐네.

Chapter 5 자신의 의견을 통과시키기 위해서는

12

입장을 바꾸어 말하면서
자신의 의견을 끼워넣는다

부하직원이 어려운 판단을 내리려 할 때 상사인 당신에게 상담을 해왔다고 하자. 그러나 당신은 그 판단에 찬성할 수가 없다. 일을 할 때 자주 발생하는 경우인데, 상사로서 어떤 말을 하면 좋을까?

즉각 결론을 내는, 즉 "그건 안 돼!"라고 상대의 의견을 통과시키지 않는 방법도 있다. 그러나 부하직원을 키우고 싶다면 이런 국면이야말로 부하직원에게 자신의 머리로 생각하게 할 찬스이다.

이럴 때 편리한 것이 "만약 내가 자네였다면, 다른 면을 검토해 보았을 게야" "만약 내가 자네라면, 이렇게 생각해 보겠네" 하는 완곡한 표현이다. 실제로는 부하직원의 판단을 부정하고 있는 것이지만 '안 돼'라고 하는 강한 거부의 이미지를 주지 않는다. 부하직원의 생각과는 다른 선택지를 제시해 보이고 있다. 사실은 부정하고 있지만, 다른 안을 제시함으로써 재고를 촉진시키는 작용을 한다.

부하직원도 그런 식의 말을 들으면 마음이 편하다. 상사로서의 공식 의견을 들은 것이 아니라, 개인적인 의견을 들은 듯하여 그 명령에 반드시 따를 필요는 없다고 생각할 수 있다.

동시에 모처럼 상사가 개인적으로 자신을 생각하는 마음에서 조언을 해주었으므로, 들은 말에 대해서는 적극적으로 받아들이려고 할 것이다. 이 때 어드바이스를 하면서 부하직원의 논안에 자연스럽게 자신의 의견을 끼워 넣을 수도 있다.

그러나 '만약 내가 자네였다면' 이라는 한마디를 넣는다고 해도 "만약 내가 자네였다면, 이런 식으로는 생각하지 않을 텐데……"와 같이 나중에 부정적인 표현을 덧붙이면, 직접적으로 부정한 것과 마찬가지의 의미를 지님과 동시에 자신감 과잉으로 비추어져 재수 없단 생각만이 남게 된다.

어디까지나 '자네 생각도 알겠지만……' 이라는 뉘앙스가 전해질 수 있도록 '나라면 이렇게 한다' 는 포지티브한 표현을 하도록 마음 쓰자.

자녀 혹은 동생이 진학상담을 했을 때

A: 저는 ○○학과로 진학하기로 했어요.

B: 내가 너라면 △△를 생각해 보겠어. 너는 꼼꼼하니까 말이야.

Chapter 5 자신의 의견을 통과시키기 위해서는

13

공포심을 부추기는 설득의 효과는
일시적인 것일 뿐이다

사람에게 어떤 일을 중지시킬 경우, 공포심에 호소하는 설득 방법이 가끔 이용된다.

예를 들어 금연 캠페인은 폐암으로 엉망이 된 폐나 니코틴으로 더러워진 폐의 컬러 사진을 보이며, 두려움에 호소하려고 한다. 교통사고 방지 캠페인에서도 사고의 비참한 상황을 호소하는 것으로 임팩트를 주려고 하는 경우가 많다.

그러나 실제로는 사람의 공포감을 부추기는 캠페인은 생각만큼 효과적이지 않다.

이것은 '역효과의 법칙'이라고 하여, 어떠한 행위의 결과가 참혹한 것이 되리라 두려워하면 할수록 점점 더 그 행위를 계속하고 싶어지는 심리가 인간에게는 있기 때문이다. 더구나 이러한 공포심에 의한 지배는 길게 가지 않고 '목구멍만 넘어가면 뜨거움을 잊는다'는 말 그대로, 일시적인 억제 효과에 지나지 않음이 밝혀졌다.

또한 공포심에 의한 설득으로는 '어떻게 하면 불안을 떨쳐낼 수 있을까' 하는 대책까지 창출해 내지 못하는 경향이 있다.

이것을 확인한 것이 미국의 쟈니스와 패슈백이라는 심리학자이다.

한 고등학교에서 신입생을 A, B, C 세 그룹으로 나누어 각각 충치 예방에 관한 슬라이드를 보여주었다. 이 때 A그룹에는 치아를 비위생적으로 놓아두면 충치며 치조농루齒槽膿漏 등의 무서운 병에 걸릴 것을 강조하여 감정적인 불안을 조성했다.

B그룹에게는 온화한 어조로 여러 가지 에피소드를 섞어가면서 치아에 관한 병의 위험성을 이야기했다.

C그룹에게는 치아 위생상의 구체적인 충고를 한 것뿐으로 비위생적으로 생활하면 어떤 병에 걸린다는 등의 이야기는 일체 꺼내지 않았다.

그 결과 치아의 병에 대한 불안도를 강하게 느낀 것은 A그룹이 42%로 가장 높았고, 다음으로 B그룹이 26%, C그룹이 24% 순이었다.

그러나 그 후 실제 치과에 가서 치료하는 등의 대책을 취한 인원을 조사한 결과, C그룹이 36%로 가장 높았고 다음이 B그룹으로 22%, 불안감이 강했던 사람이 가장 많았던 A그룹에서는 단지 8%만이 대책을 행동에 옮겼다.

여기에서, 구체적으로 어떻게 하면 치아 위생을 지킬 수 있는지 충고를 받은 것이 C그룹뿐이라는 것을 기억해 냈으면 한다. 불안이나 공포의 효과는 어디까지나 일시적인 것에 지나지 않는다.

　결국, 단순히 공포심을 부추기는 것만으로는 인간 행동의 변화를 일으킬 수 없다. 어떻게 행동하면 그러한 불쾌한 상황에서 헤어날 수 있는지, 구체적인 지침을 제시하는 것이 중요하다.

　"지금 이것을 해두지 않으면, 나중에 이런 큰일을 당할 거요"라고 한 다음 "그러니까 이렇게 합시다"에 중점을 두지 않으면 안 된다. 그렇지 않으면, 단순한 엄포로 끝나버리고 만다.

생활습관을 바꾸고 싶을 때
"이제부터 운동을 하지 않으면 건강이 나빠지고 병에 걸릴 거야."
자기 자신을 설득할 때도 공포심은 그다지 효과적이지 않다.
"운동을 하면 건강해지고 늘 상쾌할 거야."

A를 시키고 싶을 때는
반대로 B를 부추긴다

"이건 정말 추천하고 싶습니다"라고 해도 상대가 결정을 못하고 좀처럼 바라는 대로의 답을 주지 않는 경우가 있다. 이런 상대를 제대로 설득하려면 다음과 같은 테크닉이 효과가 있다.

상대가 선택하도록 하고 싶은 A안만이 아니라, 다른 한 가지 대립적인 B안을 제시하여 B안의 메리트도 정중히 설명하는 것이다. 그러면 상대는 A를 선택하는 일이 많다.

이것이 '부메랑 효과'를 노린 설득 테크닉이다.

부메랑은 아시다시피 포획물을 향해 던져 맞지 않으면 다시 제 손 안으로 돌아오는 무기이다. 오스트레일리아의 원주민들은 이것을 처음의 포획물과는 반대 방향으로 던져서 순간적으로 포획물을 방심시키고, 커다란 포물선을 그리며 돌아올 때 포획물을 잡는다고 한다.

Chapter 5 자신의 의견을 통과시키기 위해서는

반대 방향으로 던지면서도 제대로 명중시키는 부메랑이기에 가능한 테크닉이다. 인간 심리에도 이와 같은 메커니즘이 있다.

인간은 상대에게 어떤 한 방향을 향하도록 명령받으면, 그와는 반대의 방향으로 향하려고 한다. 이 배경에 있는 것이 금지된 것일수록 흥미를 나타내는 심리이다. '출입 금지'의 간판이 있으면 왠지 들어가보고 싶은 불가사의한 심리를 인간은 가지고 있다.

A안과 B안이 있어, 처음에는 A안을 권한다. 그것에 상대가 난색을 표명할 경우, 대립하는 B안을 강조하면 상대는 A안을 금지된 것으로 느끼고 그로 인해 A안에 더욱 흥미를 가지게 된다. 그 결과 B안을 버리고 A안에 달려든다. 결국 B안으로 향했다고 생각했던 부메랑이 진짜 포획물인 A안에 훌륭히 명중한 것이 된다.

그러나 정말 권하고 싶은 A안이 아니라 B안에 상대의 마음이 기울어지는 경우도 없는 것은 아니다. A안에 대한 자신이 없으면 반드시 좋은 결과가 나온다고만은 할 수 없으므로 본래의 설득에는 최대의 노력을 기울여야 할 것이다.

쇼핑을 빨리 끝내고 싶을 때

보통의 남성들은 여성과 쇼핑을 하는 것을 좋아하지 않는다. 어쩔 수 없이 끌려갔다면 적극적으로 추천을 해주자. '알아서 하라'는 것보다 훨씬 더 빨리 쇼핑을 끝낼 수 있다.

A: 자기한테는 빨간색 옷이 딱 어울려. 이걸로 해.

B: 정말?

A: 그렇다니까.

B: 당신은 구닥다리니까 보라색으로 할래.

사람에게 의욕을
불러일으키기
위해서는

구체적인 목표 설정으로
의욕을 부추긴다

군대에서 긴 여정의 행군을 하면 병사들은 금방이라도 쓰러질 듯 점점 더 지쳐간다. 그럴 때 유능한 지휘관일수록 진군나팔을 불지 않는다고 한다.

"목적지까지 이제 3킬로미터 남았다. 힘내자!"라며 기운을 북돋워주는 것이 가장 효과가 있는 한마디라고 한다. 병사는 구체적인 목표가 주어짐으로써 마지막 힘을 다해 그 목표를 달성하려는 마음이 된다. 진군나팔을 부는 것만으로는, 단지 마차 끄는 말을 채찍질하는 것밖에 되지 않는다. 병사의 몸과 마음을 소비시킬 뿐이다. 구체적인 목표는 '골이 저기에 보이니까 더욱 힘내보자'는 심경으로 이끈다.

목표를 알 수 없는 것과 지금 어디쯤 와 있는지 알 수 없는 불안만큼 힘든 일은 없다. 이것은 마라톤을 할 때, 만약 골이 제시되어 있지 않으면 도저히 달릴 수 없는 것과 마찬가지이다.

당신이 회사의 관리직이나 어떤 조직의 리더가 되었다고 하자. 이때, 부하직원과 함께 일을 진행시키지 않으면 안 될 경우에는 "이제 천만 원으로 이 달 목표는 달성이다!" "이제 이틀만 힘내면 본 경기야!" 등의 구체적인 목표 설정을 키워드로 기운을 북돋아줘야 한다는 것을 가슴에 깊이 새겨두자.

그 목표가 너무 멀리 있는 것이나 실현이 어려운 것으로는 의욕도 흐지부지 되어버린다. 금방 달성할 수 있을 듯한 일로 설정하는 것이 그 포인트이다.

회의에서 아이디어가 떠오르지 않을 때
막연하게 좋은 아이디어가 떠오르기를 기다리다가는 스트레스만 쌓인다. 이럴 때는 질이 아니라 양적인 목표를 설정하는 것도 좋다.
"자, 30분 동안 어떤 아이디어라도 좋으니 각자 5개씩 돌아가면서 말하고 회의를 마치겠습니다."

정신적인 당근으로
상대의 의욕을 자극한다

부모가 아이에게 "이번에 성적이 오르면 놀이공원에 데려갈게"라고 조건 붙인 약속을 할 때가 있다. 이것은 아이들의 의욕을 자극하는 방법으로 확실히 효과가 있다.

이와 비슷한 말투는 사무실에서도 자주 볼 수 있다.

"이 계약이 성립하면 이번 보너스는 기대해도 될 거야."

"이 프로젝트가 성공하면 과장으로 추천해 보지."

상사가 부하직원에게 하는 이런 유형의 말들이 그렇다. 이것은 '당근과 채찍'의 당근을 슬쩍 내보이면서 부하직원을 질타·격려하고 있는 것이다.

"이렇게 실수가 계속되어서야 이번 인사이동은 기대하기 힘들지"와 같은 채찍을 눈앞에 내미는 말투는, 일시적인 효과는 있어도 오히려 상대의 의욕을 잃게 만드는 경우가 많다. 노력하여 앞으로 나가려는 마음보다는 실수를 하지 않아야 한다는 마음이 강해지기 때문이다. 더 나아가서는 야단맞고 싶지 않은 마음이 앞서 소극적인 행동으로 이끌게 된다.

'당근'이든 '채찍'이든, 그 효과는 회를 거듭할수록 점점 줄어들고 만다. 같은 수준으로 부하직원이나 아이들에게 의욕을 유지시켜주고 싶다면, 당근의 질을 점점 높인다(성공 보수를 업그레이드시킨다)든지 채찍의 횟수를 늘인다(벌을 무겁게 한다)든지 하는 일이 필요하게 된다. 그런 일들은 길게 갈 수 없다.

그렇다면 어떻게 하면 좋을까?

달성했을 때의 기쁨을 계속 부여하도록 하면 효과가 있다. 즉, 물질적인 당근에는 한계가 있지만 '정신적인 당근'을 계속 부여하는 일은 가능한 것이다. 달성감이 정신적인 쾌락으로 연결되는 것이 다른 동물과 인간의 다른 점이다.

실현할 수 있을 듯한 작은 목표를 주고, 그것을 달성했을 때 즉석에서 칭찬하도록 한다. 무언가 성과를 올렸다면, 반드시 "정말 잘했어, 축하해"란 말을 걸어 '언제나 보고 있어' '알고 있어'라는 사인을 보낸다.

인간은 타인에게 인정받는 것을 큰 기쁨으로 여긴다. 더구나 상사나 가족 등과 같이, 노력해 온 과정을 지켜봐온 사람에게 칭찬받는 것은 보다 깊은 기쁨이 된다. 기쁨을 바지런히 쌓아가는 것이 그 사람을 스스로 노력하는 인간으로 바꿔가는 것이다.

또한 노력했지만 목표 달성에 실패했을 때는 질타만이 아니라 위

로의 말과 함께 다음의 작은 목표를 설정해 주는 것도 윗사람으로
서 해야 할 일이다.

격려를 할 때는 결과보다 노력을 칭찬하자
결과만을 칭찬하면 그것에만 신경을 쓰느라 과정에는 소홀하게 된다. 또
결과에 대한 불안감을 가질 수도 있다.
"결과는 나빴지만 열심히 노력하는 모습은 보기 좋았네. 올바른 방법만 찾
으면 그 노력이 빛을 발할 거야.

03

상대에 대한 기대가
잠재능력을 발휘하게 한다

일이 정체상태에 빠졌을 때, 기대하지 않았던 사람이 생각지도 않은 힘을 발휘하여 절박한 고비에서 구해 주는 일이 있다.

어떤 인간이라도 잠재능력은 갖고 있는 것이다.

상사가 부하직원을 어떻게 받아들이고 어떤 말로 지도하는가에 따라서, 부하직원의 능력이 꽃피는 경우도 있으며 그 반대의 경우도 있다

이것을 증명하는 실험이 심리학자인 러젠설에 의해 미국의 한 초등학교에서 행해졌다.

러젠설이 교사에게 "아이들의 지능 향상이 예상되는 새로운 테스트가 있는데, 해보는 것이 어떻겠습니까?"라고 설명하고 테스트를 실시했다. 그러나 테스트의 내용은 그저 보통의 지능 테스트였다.

우선 1학년부터 6학년까지 전교생에게 그 테스트를 실시한다. 그

Chapter 6 **사람에게 의욕을 불러일으키기 위해서는**

리고 테스트 결과와 전혀 관계없이 무작위로 20%의 아이들을 골라 "테스트 결과, 이 아이들은 지능 발달이 현저하며, 이후에도 점점 향상될 것입니다"라고 교사에게 설명한다. 이 아이들을 실험군이라고 한다.

8개월이 지난 후, 다시 지능 테스트를 전원에게 실시한 결과, 실험군 아이들의 지능 지수가 다른 아이들에 비해 현저히 상승한 것으로 밝혀졌다.

이것을 '피그말리온 효과'라고 한다. 상아로 만든 여성을 사랑한 피그말리온을 가엽게 여겨 사랑의 여신 아프로디테가 그 조각상에 생명을 불어넣어주었다는 이야기가 그리스 신화에 나온다. 이 이야기에 연유하여 사람이 어떤 기대를 품으면 그 기대가 달성된다는 것을 '피그말리온 효과'라고 한다.

실험군의 아이들에게는 어찌하여 피그말리온 효과가 나타난 것일까? 그것은 교사의 아이에 대한 기대가 영향을 미친 것이라고 설명할 수 있다.

러젠설의 설명을 믿은 교사는, 실험군의 아이들에 대해서 '분명히 아이들은 지능이 향상될 거야'라는 기대를 가지고 지도에 임하게 되었다. 한편, 아이들도 교사가 자신에게 기대하고 있음을 의식적이든 무의식적이든 느끼고, 교사의 기대에 부응하려고 노력하게 된 것이다.

어른 사회에서도 이것은 마찬가지이다. 상사가 부하직원의 능력을 믿고 언젠가는 뛰어난 실적을 남겨줄 거라는 기대로 접하면, 부하직원은 그 마음을 느끼고 계속 노력하자고 다짐하게 된다.

"자네에게 기대하고 있네"라는 말은, 평소부터 그런 마음으로 접하고 타이밍을 잘 맞추어 건네면, 실제로 효과가 높아질 뿐 아니라 상사로서의 신뢰감도 얻게 된다.

Self Tip!
상황 토크

어떤 말을 선택할 것인가?

A: 어떻든 일단 한번 해보게.

B: 꼼꼼하게 해, 사고만 치지 말고.

C: 무조건 최고의 결과를 이끌어 내게.

D: 자네라면 충분히 해낼 거라고 믿고 있네.

Chapter 6 사람에게 의욕을 불러일으키기 위해서는

금지하면 할수록
그것에 끌리게 된다

꼬마 아이에게 "이건 위험하니까 만지면 안 돼"라고 말했는데도 잠깐 한눈을 판 사이 아이가 위험한 것에 다가가 기겁하는 일이 있다.

회사에서도 '○○하지 마'와 같은 금지형의 지시를 내리기 일쑤지만, 결과는 얄궂게도 예상과는 반대인 경우가 많다. 특히 강한 금지령을 내릴수록 그렇게 될 가능성이 높아진다. 이것은 강하게 금지된 것이 오히려 그것을 의식하게 만드는 심리 작용이 있기 때문이다.

골프에서도 오른쪽으로 치지 않으려고 너무 의식하면 몸의 밸런스가 무너져 오히려 타구는 오른쪽으로 크게 벗어나 버린다.

다시 말해 "이것을 해서는 안 된다"고 명령받으면, '저것은 하지 않도록 하자' '저것은 하면 안 되는 거다' 하고 불안을 느껴서 자기 규제를 하기 시작한다. 이 금지가 만약 '절대적으로'란 단어가 덧붙은 강한 것이면 것일수록 명령받은 쪽은 자기 규제를 하는 강도가 강해진다.

그 결과, 오히려 의식 과잉이 되어 행동 전체가 밸런스를 잃고 만다. 때문에 생각지도 않은 곳에서 실수를 하거나 금지당한 그 자체를 해버리거나 하는 사태에까지 이르게 된다.

이것을 방지하기 위해서는 지시를 할 때 "상대에게 그러한 설명은 하지 마"라는 금지하는 내용이 아니라 "이렇게 설명하지" "이렇게 설명하면 돼"와 같이 추천할 만한 것을 말하여, 다음 행동을 위한 포지티브한 이미지를 의식시키는 것이 중요하다.

Self Tip!
상황 토크

아랫사람의 행동을 지적할 때

A: 지각하지 말게.

B: 정시에 출근하게.

A: 갔다 오는 길에 딴 데로 새지 마.

B: 끝나면 곧장 집으로 와.

의욕을 불러일으킬 때에는
구체적인 동기를 부여한다

일이나 공부에 집중이 되지 않을 때 '이것은 어떻게든지 해야 하는 일이다' 라고 스스로 자신을 속박의 상태로 끌고 가려는 경우가 있다.

'해야 한다' 라는 마음의 속박이 어느 정도의 효과를 주는 것은 사실이다. 예를 들어 그 일에 마감이 있을 때는, 그 때까지 일을 완성시키기 위해 억지로 자신을 일 모드로 바꿔 끝까지 해낼 수 있다. 하지만 시간 있을 때 하려고 한 일은 언제까지나 그대로인 채 끝나지 않는다.

'해야 한다' 라는 말에는 강제의 뉘앙스가 있어서, 행동이나 사고의 범위를 좁게 만든다. 결국 '이것만 하면 된다' 로 바꿔치기하기 일쑤다. 이렇게 되면 자유스런 발상은 생겨나지 않는다.

사람을 움직이게 할 때는 '○○해야 한다' 라는 명령을 내리는 것이 아니라, 상대에게 의욕을 불러일으키는 동기부여를 하면 된다.

예를 들면, 스모계에서는 "도죠(일본 씨름판) 밑에는 보물이 묻혀 있다. 그것을 캐내는 것은 자신이다" 하고 신참들을 격려하는 전통이 있다. 프로야구계에도 마찬가지로 "마운드 밑에는 보물이 묻혀 있다"고 하는 말이 있다.

이것들은 '노력 여하에 따라 얼마든지 벌 수 있다'고 하는 강렬한 동기부여가 된다.

이는 여러 가지에 응용할 수 있다.

일의 최전선에서 일하는 부하직원에게는 "이 입찰을 따내는 것은 자네 장래를 보장하는 티켓을 손에 넣는 걸세"라고 격려하면 되고, 부모는 아이들에게 "여기를 고쳐두면 좋은 점수를 딸 수 있을 거야"라고 어드바이스하면 된다. 단, 사람에 따라 동기부여의 대상이 달라진다는 것은 유념하자. 특히 현대 사회에는 직함이나 학력에 집착하지 않고, 금전에도 집착하지 않으며, 자신의 라이프스타일을 관철하는 사람들이 늘어나고 있다.

어디를 자극하면 의욕이 생겨날까? 그것을 깨닫기 위해서는, 항상 상대를 주의 깊게 관찰하고 이해하려고 노력하는 마음이 필요하다.

사람에 따른 동기부여의 내용
"이 일을 끝마치면 휴가 갈 때 마음이 홀가분해질 거야."
"이번에 성과를 내면 그 인센티브로 가족들끼리 여행을 다녀오게."
"기분 좋게, 정시에 퇴근해야지?"

Chapter 6 사람에게 의욕을 불러일으키기 위해서는

상대에게 명령을 할 때는
부드럽게 부탁한다

사람에게 무언가를 해 달라고 할 때, 어떻게 부탁을 해야 상대에게 부드럽게 받아들여질까?

이리타니 토시오 入谷敏男 씨의 《말과 인간관계》라는 저서에 그 고찰이 있다.

부하직원에게 책상 옆에 있는 서류를 가져다 달라고 말할 때, 다음의 네 가지 말투를 생각할 수 있다.

① 거기 있는 서류 좀 가져와

② 이봐, 거기 있는 서류 좀 줘봐!

③ 미안한데, 거기 놓여 있는 서류 좀 집어주지 않겠어?

④ 정말 죄송합니다만, 거기 놓여 있는 서류 좀 집어주시지 않겠습니까?

이 가운데 ①은 노골적인 명령 어투이고, ②는 아무리 생각해도 바보 취급하는 말투다. 이런 말투로 명령하면 상대가 열 받는 것은 당연하다.

그렇다고 해서 ④와 같이 황송한 표현도 바쁜 직장에서는 답답하다. 겉으로만 공손한 체하지만 실제로는 비아냥거린다고 받아들일 수도 있다.

이것에 비해 ③의 표현은 부탁받는 사람에게 미안한 마음을 표시하면서 부드러운 말로 청하고 있다. 이것이라면 상대도 기분 좋게 부탁을 들어줄 것이다.

사람은 명령에 대해서는 마음을 닫고, 때로는 반발하는 경우도 있다. 그러나 같은 내용이라도 그것을 의뢰나 부탁의 형태로 표현하면, 부드럽게 받아들여 그것에 응하려고 한다. 인간의 본성은 의외로 친절한 것일지도 모르겠다.

부하직원에게 새로운 업무를 맡길 때

상사로서 강하게 명령할 수도 있지만 근본적인 목표는 업무의 원활한 진행이라는 것을 잊지 말자. 아래와 같이 말해도 누구나 명령인 줄 안다.

"새로 생긴 홍보 파트를 맡아줄 사람이 필요한데, 내가 보기엔 자네가 적격이야. 자네가 맡아서 멋지게 만들어 나가 보지 않겠나?"

그 때 그 자리에서의 칭찬이
활력을 만든다

상사가 부하직원을 질책
할 경우, 실패한 그 장소·그 때에 질책하는 것이 좋다. "자네는 이
전에도 이런 실패를 했었지. 그 때는……" 운운하며 나중에 다시 문
제 삼는 것은 결코 보여서는 안 될 태도이다.

어떤 실수를 했던지 가장 뼈에 사무치는 것은 당사자 본인이다.
겨우 다시 일어서려고 하는 때에 또다시 과거의 실패를 지적당하면
재기하려는 의욕이 약해지고 만다.

더구나 현대의 젊은이는 '매에 약하다'고 한다. 격려하려는 마음
으로 그 이야기를 끄집어냈다고 해도 상대에게는 그것이 전해지지
않고 감정적인 반발이 길게 갈 위험도 있다. 실수를 했을 때 실수와
질책의 인과관계를 상대에게 확실히 인식시키지 않으면 안 되는 것
이다.

이 '그 자리 원칙'은 실은 누군가를 칭찬할 때도 마찬가지이다.

성과를 올리거나 노력하는 모습, 새로운 기획을 제시했을 때는 그 순간을 넘기지 말고 "좀 전의 전화 고맙네. 아주 도움이 됐어" "자네가 제출한 기획이 꽤 호평이었어. 나까지 우쭐해지더군" 등 타이밍을 놓치지 말고 칭찬하는 것이 중요하다.

하지만 당신도 언제나 부하직원을 주시하고 있지는 않을 터이다. 부하직원이 노력한 순간에 함께 있지 않았을 때는 어떻게 하면 좋을까? 며칠이 지나서 부하직원의 고생과 노력하던 경위를 회상하듯이 말하면 된다.

예를 들면, 호되게 고생한 끝에 계약을 얻어낸 부하직원을 칭찬할 경우 "처음에는 어찌 될까 생각했었는데, 그 때부터 자네의 끈질긴 노력이 효과가 있었군 그래. 정말 축하하네" 하는 식이다. 이렇게 해서 칭찬하는 행위와 노력의 인과관계를 재생하면, 부하직원도 자신의 노력이 인정받은 것에 만족한다. 이것이 다음 일에의 활력으로 이어져가는 것이다.

칭찬할 때는 그 자리에서, 칭찬하는 타이밍을 놓쳤을 때에는 '결과만을 칭찬하는 것이 아니다. 지금까지의 경과를 쭉 봐왔기에 그것을 평가하는 것이다' 라는 마음을 표현해야 할 것이다.

Self Tip!
상황 토크

칭찬도 연습을 필요하다

칭찬을 잘하지 않는 사람들은 대체로 '낯 뜨거워서' 라는 핑계를 댄다. 사람에 따라 낯 뜨거울 수도 있고 능숙하지 못할 수도 있다. 그러나 자꾸 반복하다 보면 쑥스럽지도 않고 세련된 칭찬을 할 수 있다. 칭찬의 효과를 생각한다면 이 정도 노력은 감수해야 한다.

Chapter 6 사람에게 의욕을 불러일으키기 위해서는

포지티브한 제안이
포지티브한 행동을 이끈다

심리학에 '길항拮抗 : 맞
버팀 조건'이라는 말이 있다. 문제가 되는 행동과 양립할 것 같지
않은 다른 행동을 골라 추천해 가면, 결과적으로 문제 행동을 줄일
수 있다는 행동의 마법 테크닉이다.

예를 들어 사내에서 부하직원이나 동료의 전화 대응이 아주 나쁘
다고 하자. 이것을 개선하고 싶을 때는 어떻게 하면 좋을까?

무심코 저지르기 쉬운 행동이 "이러한 전화 대응 방법으론 안
돼!" 하고 상대의 행동을 직접 부정하는 말투이다. 그러나 이런 말
투는 사람들에게 자신감을 소멸시켜 전화 받는 것을 기피하게 만들
수도 있다.

여기서 '길항 조건'의 테크닉을 사용하면 된다.

"느낌이 좋은 전화 대응 노하우를 적은 매뉴얼이 있으니까, 이번
에 모두들 실천해 봅시다" 하고, 지금까지와 다른 방법을 제안하는

것이다. 대응이 나쁜 것을 질책하는 것이 아니라 '매뉴얼을 실천해 보자'라고 포지티브한 행동을 추천한다.

그 다음부터는 매뉴얼에 비춰보면서 반성해야 할 점을 구체적으로 제시하면 된다.

질책·금지와 같은 행동으로 가지 않아도, 포지티브한 행동이 늘어나면 단계적으로 문제 행동은 줄어들게 된다.

게다가 이 방법이라면, 상대의 의욕이나 프라이드를 상하게 하는 일 없이 좋은 결과로 이끌 수 있다.

이것은 아이들과의 대응에도 도움이 된다.

시험의 결과가 나빠 시무룩해져 있는 아이에게 "도대체 공부를 어떻게 하는 거야!" 하고 무조건 혼낸다면, 자신이 부정당한 것에 쇼크를 받을 뿐 공부할 마음 따윈 생겨나지 않는다.

이럴 때는 "우리 함께 서점에 가서 참고서라도 골라볼까?" 하고 포지티브한 제안을 하여, 성적을 올리기 위해서는 어떤 행동을 취해야 할까를 가르친다. 서점에서 돌아오는 길에 햄버거 가게라도 들른다면, 보다 깊은 대화도 할 수 있을 것이다.

상대를 포지티브한 행동으로 이끌어주면 자연스레 좋은 결과가 나온다. 그것이 강화되어 스스로 포지티브한 행동을 하고 싶다는 기분으로 고조되고, 의욕으로 이어지는 것이다.

작은 실수가 잦은 직원이 있을 때

"지난 해 매출 중 빠진 품목이 있군. 보고서를 작성하기 전에 필요한 항목을 적어두고 하나씩 체크해나가면 도움이 될 거야."

'도대체 무슨 생각으로 일하는 거야?' 라고 하는 것보다 훨씬 더 효과적이다.

작은 목표부터 설정해
노력하는 마음을 고조시킨다

목표를 설정할 때는 큰 성과를 얻으려는 마음에 그저 커다란 애드벌룬을 올리기 일쑤다.

그러나 "이번 달의 영업 목표는 지난 달 매출의 갱신이다"라든가 "목표, 5억 원!"과 같이 아무런 근거도 없는 목표를 외쳐봐야 결과는 나오지 않는다. 오히려 부하직원의 의욕을 빼앗는 꼴이 된다.

목표를 설정할 때는 큰 이상은 두더라도 "일단 이것부터 하자"라며 작은 목표부터 시작하는 것이 좋다.

'이번 달은' 보다는 '오늘은' 과 같이 눈앞의 것부터 시작해 본다.

작은 목표지만 달성했다는 만족감에서 자신감을 가짐으로써 새로운 의욕을 불태우는 것이다.

예를 들면 신참 부하직원에게 '하루에 50건의 전화를 건다' 라는 목표를 설정한다. 그것이 완수되면, 설사 계약 성립이 안 되었다 할지라도 "잘했어"라고 노고를 치하한다. 다음은 '한 건 계약한다' 라는 목표를 정해, 그것을 달성하고자 노력하는 마음을 고조시킨다.

'천 리 길도 한 걸음부터'란 마음으로, 하나를 클리어하면 칭찬하고 치하하며, 다음은 이것, 그 다음은 이것…… 하는 식으로 서서히 목표를 높이 설정해 가면, 부하직원의 능력에 응하는 결과가 반드시 나타날 것이다.

부하직원 스스로 목표를 설정하게 하자

가장 좋은 방법은 스스로 목표를 설정하게 하는 방법이다. 그 후에 너무 높거나 낮은 것은 수정해 주면 된다. 스스로 설정하고 성취한 목표일수록 성취감이 높다.

그룹으로 일을 맡길 때는
각자 책임 분담을 명확히 한다

상사가 몇 명의 부하직원을 골라 그룹으로 일을 맡기는 경우가 있다. 이럴 때 각자 역할 분담을 정하지 않고 그냥 그룹 전체에 맡겨두기 일쑤다. 그런 방식으로 할 경우의 최고의 결과가 나지 않는다는 것이 독일의 심리학자 링겔만의 실험에 의해 증명되었다.

한 줄의 로프를 한 명, 두 명, 여덟 명이 잡아당긴 경우에 각각의 장력을 측정해 보았다. 전체 장력은 집단의 인수가 늘어남에 따라서 커졌지만, 두 명의 경우도, 여덟 명의 경우도 각각 한 명일 때의 두 배, 여덟 배가 되지는 않았다. 집단이 커지면 커질수록 개인 각각의 장력은 저하되어갔다.

심리학자인 라타네는 '집단의 규모가 커짐에 따라 책임감이 분산되어, 멤버 각각의 노력 정도가 감소해 버렸기 때문' 이라고 해설하고 있다.

Chapter 6 사람에게 의욕을 불러일으키기 위해서는

이렇듯 사람은 그룹으로 일을 처리하게 되면, 개개의 일에 보였던 열정이 감소해 버리는 경우가 있다.

그러므로 그룹에게 일을 시킬 때는 "셋이서 이 서류를 500부 만들어놓도록 해"와 같이 그룹 전체에 일을 맡기는 방법은 피하는 것이 좋다.

"○○씨는 카피를 하고, ○○씨는 제본하고……"처럼 반드시 각각에게 일을 분담시켜, 개인의 책임을 명확하게 하는 것이 중요하다.

그렇게 하면 개인 개인의 의욕은 유지하면서 그룹 일의 효율도 높아진다.

될 수 있으면 리더를 정하고. 그 리더가 중심이 되어 각각의 책임분담을 자주적으로 결정하는 것이 바람직하다. 상사의 일방적인 명령으로 분담이 결정되면 '이것만 하면 된다' 라는 마음에 그룹으로 일하는 메리트가 감소되는 경우도 있기 때문이다.

방관자 효과를 조심하라

혼자 산 속을 가다가 쓰러져 있는 사람을 보면 누구라도 도움을 주려고 할 것이다. 그런데 사람이 많이 다니는 곳이라면 그냥 취객이겠거니 하고 지나쳐 버린다. '내가 아니라도 누군가가 하겠지' 하는 마음이 되어 버리는 것이다. 혹시라도 대로에서 어려움에 처했을 때는 이렇게 도움을 청하라.

"거기 빨간 옷 입은 남자분, 저 좀 도와주세요."

상대의 반감을
줄이기 위해서는

전체를 싸잡아 비난할 때는
구체적인 체험을 말하도록 유도한다

이집트의 고대 문자를 해독하자 '요즘 젊은이는……' 이라고 쓰여 있었다는, 농담 같은 진짜 이야기가 있다. 어느 시대에도 젊은 세대에 대한 기성 세대의 비판은 끝이 없는 것인 듯하다.

실제 술자리에서도 "요즘 젊은 애들은……" 하고 소리 높여 이야기하는 중년이 있다.

또한 상사가 부하직원을 앞에 두고 "요즘 젊은 사원은 돼먹지 않았어. 내가 젊었을 때만 해도……" 하고 열변을 토하는 모습도 변함없이 볼 수 있다.

이것은 젊은 세대에게 있어서 그다지 기분 좋은 말투는 아니다.

이런 것들은 단지 그 사람의 푸념에 가까워서, 소릴 들었다고 해서 구체적으로 어떻게 할 수도 없는 경우가 많다.

그 내용 또한 잘 들어보면, 세대관을 이야기하고 있는 듯 보이지만 실제는 그렇지도 않다.

사실은 그 사람의 마음에 들지 않는 특정인이 있어서, 세대 비판이라는 틀에 싸서 그 사람을 공격하고 있는 것이다.

즉, 개인적인 감정을 '요즘 젊은 애들'이라는 일반화된 표현으로 바꾸었을 뿐인 것이다. 본인도 반은 무의식중에 문제를 바꿔치기하고 있다.

이러한 상대에게 "젊은이란 말로 모든 이를 함께 취급하진 말아주십시오"와 같이 정면 승부 식의 논쟁은 별 소용이 없다. 단순한 입버릇이라고 듣고 흘리면 된다. 이 한마디 안에는 이러저러한 울분이며 안타까움, 원한 등이 들어 있는 경우도 있다. 그리고 그것은 본인만이 해결할 수 있는 문제이기도 한 것이다.

만약 '요즘 젊은 애들'이란 한마디가 등장한다면, 결코 일반론으로는 대답하지 말아야 할 것이다. 그 이야기 안의 개인적인 의견을 발견하여, 그 의견이 나온 배경이나 체험을 이야기하도록 하는 것이 좋다. 즉, 될 수 있는 한 구체적인 화제로 이야기를 끌고 가면 된다.

그런 과정에서 생각지도 않았던 숨겨진 일화가 밝혀질지도 모른다. 그렇게 되면 이번에는 '젊은 녀석이 이야기가 통하는군' 하고 깊은 인간관계를 맺을 수도 있을 것이다.

만약 술이 취해서 진지한 토론이 불가능할 때에는, 흘려 듣든지 살짝 그 자리를 떠나라. 반발하여 불에 기름을 쏟는 어리석음만은 피하는 것이 좋다.

진짜 하고 싶은 말을 끌어내자

A: 요즘 젊은 사람들은 도대체 다른 사람 생각은 하지를 않아.

B: 속상한 일이 있었던가 봐요.

A: 속상하다기보다 지하철에서 큰 소리로 떠드는 통에….

02

약속을 어겼다면 바로 사과해
상대가 느낀 굴욕감을 떨쳐낸다

단체 여행을 가면 반드
시 집합 시간에 늦는 사람이 있다. 화장실 휴식도, 식사도, 선물
을 사는 것도 가장 마지막이다. 그것도 동일한 인물일 때가 많아서
본인은 웃으며 "미안, 미안" 하며 지나치지만, 몇 번이고 반복되면
마음속에서 화가 치밀어 오른다.

사회인의 최저 매너는 '시간을 지키는 것'과 '인사'라고 일컬어
지고 있다. 그러나 시간을 지키지 않는 사람은 직업·연령을 불문
하고 꽤 많아서, 기다리느라 안절부절 못했던 경험은 누구에게나
있을 것이다.

지각은 기다리는 사람을 화나게 하거나 예정을 엉망으로 만들어
주변 사람에게 폐를 끼치지만, 그 이상의 심각한 심리적인 문제가
있다.

그것은 기다리는 사람의 마음속에 '지금 나는 그에게 가볍게 보

이고 있다'라는 굴욕감을 심어주는 일이다. 이것을 '종속의 효과'라고 한다. '종속의 효과'라는 것은, 자신이 상대에게 종속되어 있다는 것에서 생겨나는 마음의 움직임을 가리킨다. 지각을 예로 들자면, 자신은 안절부절 못하면서도 기다릴 수밖에 없다, 즉 기다리는 것을 강요당하고 있다는 마음을 일으킨다. '부당하게 무시당하는 듯한 느낌' '상대보다 낮은 위치에 놓인 것에 대한 굴욕감'의 심경에 해당한다.

따라서 지위가 밑인 사람이 기다릴 때는, 종속의 효과가 그렇게 큰 문제가 되지는 않는다. 문제가 되는 것은, 회사의 상사나 거래처 등의 윗사람을 기다리게 하는 경우나 회사의 동료·친구 등 지위가 대등한 사람을 기다리게 하는 경우다. 만약 그리 되었다면 '어째서 내가 그를 기다리는 입장에 놓이지 않으면 안 되는 거야!' 하는 기분을 상대에게 느끼게 하는 꼴이 된다.

다시 말해, 기다리는 사람이 지각에서 느끼는 초조감은 회의를 시작할 수 없다든가 골프 스타트에 늦을 것 같다든가 하는, 실제적인 피해의 차원에 머물지 않는다는 것이다.

그러므로 기다리게 한 사람은 그 자리에 도착하는 즉시 "늦어서 죄송합니다"라고 사과하지 않으면 안 된다. 어쩔 수 없는 이유가 있어도 그 때 이야기하는 것은 역효과를 내는 경우가 많다. 어쨌든 "기다리게 해서 죄송합니다" 하고 마음으로부터 사죄하고, '종속의 효과'에 의해 발생한 감정을 한시라도 빨리 없애지 않으면 안 된다.

상대의 마음이 누그러들면 이유를 들어줄지도 모른다. 하지만 그래도 '어쩔 수 없었어. 불가항력이었어' 라는 태도는 절대 보여서는 안 된다.

이 때 사과하는 방법이 정중하면 할수록 기다린 쪽은 부당하게 무시당했다는 느낌을 떨쳐버릴 수 있게 된다.

기다리게 했을 때의 사과에 능란하기로 유명했던 사람이 쇼와昭和의 재상 하라 타카시原敬이다. 하라 타카시는 방문하는 많은 사람들에게 일일이 코멘트를 했는데, 면회의 순서가 첫 번째인 사람에게는 "당신과는 제일 먼저 이야기하고 싶었다"고 하고, 어쩔 수 없이 면회 순서가 마지막이 된 사람에게는 "당신과는 천천히 이야기하고 싶었다"라며, 기다리게 한 것을 말로 교묘하게 커버했다.

하라 타카시에게 이런 말까지 들으면, 긴 시간을 기다렸다고 해도 그 면회자는 자존심을 지킬 수 있을 것이다.

시간에 늦었다면 일단 '내 탓' 부터

A: 회의가 늦게 끝났어. 이것도 회의 끝나자마자 바로 온 거야.

B: (화를 내며) 그럴 거면 약속 시간을 좀 더 늦게 잡았어야지.

A: 미안해. 회의가 이렇게 길어질 줄 미처 생각 못했어.

B: 회사 일이라는 게 그렇지, 뭐.

직장을 옮겼다면
전 직장과 비교하는 발언은 금물

직장을 옮길 때 인사 담당자에게 반드시 받는 질문이 "왜 전에 일하던 회사를 그만두었습니까?"일 것이다.

전직에는 여러 가지 이유가 있다. 직장에의 불만이며 가정 사정, 이사로 통근 시간이 길어졌다는 등 사람마다 그 이유는 다르다. 사실은 정직하게 이야기하는 것이 좋지만 "정말 혹독한 회사였어요. 월급은 낮으면서 사람 부리는 것이 거칠고, 잔업도 많은 데다 휴일도 제대로 쉴 수 없었답니다" 등의 감정적인 험담을 하는 것은 절대 금물이다.

'회사에 대해 저런 말밖에 할 수 없다니, 조직에 대한 로열리티(충성심)가 낮군'이라고 생각하는 것이 보통이다. 이런 종류의 질문에는 "지금까지 해온 일과 제가 하고 싶은 일이 달라졌습니다"와 같이 뭔가가 하고 싶어서 그만두었다는 포지티브한 말투로 시종 일관하는 것이 좋다.

또한 종신 고용이란 말이 사라진 지 오래된 현재, 우등생 같은 답변을 하기보다는 어느 정도는 속마음을 정직하게 말하는 편이 매력적인 인재로 비칠 수도 있다. 단, 독선적인 말투나 전 회사에 관한 비판은 피해야 할 것이다.

새로운 회사에 입사했을 때도 마찬가지이다. 새로운 근무처에 익숙해지려고 애쓴 나머지, 전에 있던 회사의 결점이나 습관을 우스갯소리로 삼는다거나 험담을 하는 것도 피하는 편이 좋다. 본인은 새로운 회사가 얼마나 좋은가 비교하여 칭찬한다는 의도지만, 네거티브한 언동은 결국 그 본인에 대한 인상을 나쁘게 하여 반감을 살 뿐이다.

실제로 지금의 회사가 환경이 좋다고 할지라도, 전에 있던 회사와 비교하는 발언은 삼가는 것이 좋다.

동료가 전 직장에 대한 질문을 할 때

A: 전 직장은 근무 환경이 어땠어요?

B: (실제로는 나빴더라도) 괜찮은 편이었어요.

A: 그런데 왜 그만뒀어요?

B: 새로운 도전을 해보고 싶어서요.(혹은 맡은 업무가 제가 생각하던 거랑 달라서요.)

Chapter 7 상대의 반감을 줄이기 위해서는

04

부탁을 못 들어 줄 때에도
신중하게 검토하는 자세를 보여준다

다른 사람에게 "이 작업 좀 도와줘"라든가 "이 일을 해주면 좋겠어"라고 부탁받았을 때, 그것이 무리한 일이라면 주저하지 말고 확실히 거절하는 편이 나중을 위해서도 좋다. 불가능한 약속을 하여 지키지 못한 때처럼 신용을 잃는 일은 없기 때문이다.

여기에서의 문제는 어떻게 전해야 상대의 반감을 사지 않을까 하는 것이다. 처음부터 "안 됩니다. 할 수 없습니다"라고 거절하는 것은 '뭐야, 잘 생각도 해보지 않고'라는 반발을 사고 만다.

우선 처음에 할 일은 상대의 이야기를 잘 듣는 것이다. 그런 다음에 판단하는 자세를 보이면 된다. 일을 부탁한 쪽은 이러저러한 사정을 검토한 다음에 그래도 안 되겠다는 것이라면 납득할 수밖에 없다. 즉 거절할 때의 기본은 상대의 감정을 생각해 주는 자세인 것이다.

그러므로 무릇 거절할 가능성이 높을 때라도 "무리일지도 모르겠습니다만 검토해 보겠습니다"라고 하는 편이 좋다. 물론 그렇게 이야기한 이상 가능성도 재검토해 본다. 그런데도 역시 도와줄 수 없다면 어쩔 수 없다. 정중하게 거절하면 된다.

만약 어떤 조건을 다르게 하는 것으로 가능하다면 그렇게 하는 것이 더 좋은 방법이다.

"3일 이내라고 말씀하셨는데, 일주일이라면 가능합니다."

"여기까지는 제 전공이라서 도움이 될 수 있겠지만, 그 다음부터는 어려울 것 같습니다."

이렇게 구체적으로 서술하면, 거기까지 검토해 준 것에 상대는 호감과 신뢰감을 지니게 될 것이다.

상사가 도움을 청할 때

A: 다음 주 수요일부터 내 일 좀 도와주겠나?

B: 음…, 지금 하고 있는 일이 수요일에 끝나니까 목요일부터라면 도울 수 있습니다.

상사가 도움을 청한다고 무조건 따를 필요는 없다. 목요일이라고 말하고 수요일부터 도와주면 더 고마워할 것이다.

Chapter 7 상대의 반감을 줄이기 위해서는

반대할 때는 돌려 말하기로
상대의 반감을 사지 않는다

사람은 자신의 의견을
찬성해 주는 사람이 좋아지기 쉽다. 그것도 '호의의 반보성反報
性'의 일종이다.

하지만 의견이나 견해가 다를 때에는, 아무리 호의에는 반보성이
있다고 해도 상대가 말하는 것에 무조건 좋아갈 수는 없다. 그렇다
고 정면에 대고 "반대입니다" "찬성할 수 없습니다"라고 주장하면,
오히려 상대는 자신의 의견에 점점 더 집착하게 된다. 그럴 경우에
는 반감을 사지 않는 말투를 궁리해 내지 않으면 안 된다.

상대가 한 말을 긍정한 듯하지만, 잘 생각해 보면 사실은 그렇지
않은 편리한 말이 있다.

"과연 그렇군요. 어떤 의미에서는 당신이 말씀하신 대로네요"라
는 돌려 말하기다. '어떤 의미에서는'이라는 말은, '일정의 범위에
서는 찬성할 수 있지만 그 밖의 점에서는 반대이다'라든가 '당신의

논리를 채용하면 앞뒤가 맞는 것 같지만, 다른 논리도 있다'고 하는 뉘앙스를 포함하고 있다.

즉, 일단 상대가 말한 것을 받아들인 다음 실제로는 반대하는 것이다. 그러므로 사용할 때는 신중해야 한다.

아무래도 정면에서 반대할 수는 없고, 그렇다고 못 본 척할 수도 없을 경우에만 사용하도록 하자.

따라서 상대의 말에 반대는 반대라도 전면적인 반대가 아니라, 조금이라도 긍정할 수 있는 일이 있으면 "○○의 점에서 당신이 말한 대로입니다"라는 말을 사용하는 편이 좋다. 그렇게 대화 등에서 인간관계의 거리를 줄인 다음에 "하지만 그 점은 고쳐 생각할 여지가 있는 것 같네요" 하고 조금씩 의견을 내놓으면 된다.

어디까지나 반대인 경우는 '어떤 의미에서는, 찬성'이라고 하고, 부분 반대인 경우는 '○○의 점은, 찬성'이라고 나눠서 사용하는 것을 익혀두자.

회사에서 비현실적인 제안을 했을 때

"고객을 최우선으로 생각한다는 점에서는 좋은 것 같군요."

"이론적으로는 좋은데 실제로 적용했을 때는 어떨지 모르겠습니다."

대비의 심리를 이용해
화를 입지 않고 비판한다

직장상사의 지시에 따를
수 없다. 이 방법으로는 제대로 할 수가 없다고 생각될 때가 있다.
그러나 그것을 입 밖으로 낼 수는 없다. 무릇 인간은 자신이 한 말
이나 행동이 부정당하는 것을 기분 좋게 생각하지 않기 때문이다.
아무리 통 큰 상사라도 그것은 마찬가지이다.

그렇다면 상사의 기분을 상하지 않게 하면서 제대로 비판하는 방
법은 없을까? 이럴 때는 '대비의 심리'를 이용하는 방법이 있다.

다시 말해, 얼굴에 대고 "당신의 방법은 나빠"라는 말 대신 "이것
은 제가 전에 다른 사람에게 배운 방법보다는 훨씬 낫군요"라고 하
는 것이다. 거기에서 비판의 뉘앙스를 느꼈다 해도 그렇게 말해 주
는 사람에게 나쁜 감정은 품지 않는다.

직장이 아니더라도 이것은 활용할 수 있다.

예를 들면, 사적인 모임에도 반드시 지각하는 사람이 있다. 뭔가

한마디 해주고 싶은데 "어째서 이제 오는 거예요! 언제나 이렇다니까" 하고 노골적으로 이야기하면 관계에 틀어진다. 상대에게도 사정이 있었을지 모르고, 무조건 책망을 받으면 누구라도 불쾌하게 생각한다.

결국 그것이 원인이 되어 그 사람과 멀어질 가능성도 있다. 그럴 때는 "얼마 전에 친구와 커피숍에서 약속을 했는데, 글쎄 한 시간이 지나도 안 오는 거예요. 집에 가려고 계산대에서 계산하고 있는데, 그 때 온 거 있죠. 그에 비하면 이건 아무것도 아니죠"라고 하면 조금은 기분이 나아진다. 그 사람은 뜨끔하게 이야길 들은 것으로 다음부터는 조심하자고 스스로 생각하게 될 것이다.

단 예로 드는 것은 상대가 모르는 사람이나 그런 이야기를 내놓아도 문제가 되지 않는 사람으로 해야 한다. 그렇지 않으면 새로운 문제를 안게 될 수도 있다.

비교할 때 주의해야 할 점

까딱하면 비꼬는 것으로 들릴 수도 있다. 그러면 상대가 '지금 비꼬는 거야' 라며 화를 낼 수도 있다. 어투와 표정에 주의하면서 말해야 한다.

Chapter 7 상대의 반감을 줄이기 위해서는

가까운 이들끼리 통하는 유머가
모두에게 통용되는 것은 아니다

집안 이야기만 나오면
갑자기 입이 험해지는 사람이 있다.

'우리 바보 같은 아들놈이' '우리 무서운 마누라가' 부터 시작하여, 개중에는 자신의 어머니를 '할망구' 라고 부르는 사람도 있다. 물론 이것은 본심에서 우러난 것이 아니라, 그 자리의 분위기를 띄우기 위해 사용하는 말이다.

그러나 집안사람을 너무 비하시키는 것은 듣기 거북하고, 그런 발언을 한 사람에 대해 탄복하거나 공감을 느끼거나 하지는 않는다.

사내나 부내의 일을 이야기할 때도 이런 '집안' 의식이 너무 강하면, 마찬가지 반감을 사게 된다.

"지난 번 우리 ○○가 신세를 졌다고 하더군요. 그 녀석이 뭔가 폐를 끼치지나 않았는지 모르겠습니다."

어지간히 친한 사이가 아닌 한은, 부하직원을 '그 녀석' 이라고 부르는 사람은 신용을 받지 못한다. 나아가 이는 개인의 인품 정도로 끝나는 것이 아니라 회사 자체의 품위에도 영향을 미친다.

또한 상대가 사람이 아니라도 마찬가지이다. "보시다시피 저희는 보잘 것 없는 회사로……" "여기가 뭐가 좋은지, 그만두는 녀석이 없다는 게 불가사의라니까요" 등의 소릴 들으면 맞장구도 칠 수 없다.

본인은 농담이라고 하고 있겠지만, 친근함이 스며든 표현이 누구에게든 의도 그대로 전해지지는 않는다. 장소와 상대를 구별하여 그것에 맞는 표현을 하는 것이 중요하다.

전문 용어는 어울리는 장소에서만 쓰자

해당 분야에서 일하는 사람들만 아는 용어를 친구들에게까지 쓰는 사람이 있다. 그러면 이야기는 재미가 없고 자칫 잘난 척한다는 핀잔을 받을 수도 있다. 친구들에게 하는 이야기라면 전문 용어를 빼도 의미 전달에는 아무 문제가 없다.

Chapter 7 상대의 반감을 줄이기 위해서는

상대의 행동이나 의견을 좇아
반감을 최소화시킨다

동료와 일의 진행 방식을 놓고 작은 트러블이 일어났다. 이쪽은 그렇게까지 신경 쓰지 않고 있었는데, 상대는 아직 앙심을 품고 있는 듯하다.

이 관계를 돌이키고 싶을 때 쓰는 좋은 방법이 있다.

예를 들어 잔업이 많은 것 같으면 "같이 하자"고 가볍게 말을 걸어본다. 또는 회의에서 그의 의견을 좇는 등 작은 일에 행동을 함께하거나 의견에 동조함으로써 상대의 반감을 약화시킬 수 있다.

이러한 행동이나 말로 '어라, 이 녀석도 그런 대로 좋은 점이 있군 그래. 지난번엔 내가 좀 심했나?' 하고 동료의 반감은 큰 폭으로 다운될 것이다.

상대에게 호감이나 높은 평가를 얻기 위하여, 상대의 의견이나 행동에 자신의 의견이나 행동을 맞추는 대인 전략을 '영합 스트라테지'라고 한다. 이것은 반감의 에너지가 스트레이트로 자신에게 향하지 않도록 그 힘을 약화시키고, 억제시키기 위해서 효과 있는 전략이다.

이 영합 스트라테지에는 다음의 네 가지가 있다.

① 칭찬 스트라테지

② 동조 스트라테지

③ 자기 고양 스트라테지

④ 증정 스트라테지

'칭찬 스트라테지'는 그 사람의 의견이나 행동을 칭찬하는 것이다. 사람은 칭찬을 받으면 칭찬하는 사람에 대해서는 반감을 품기가 힘들기 마련이다. '동조 스트라테지'는 상대의 의견이나 행동에 동의하거나 행동을 함께 하는 것을 말한다. 자신에게 동조하거나 동행해 주는 사람에게 사람은 호감을 갖는다.

'자기 고양 스트라테지'는 반감을 지니고 있는 사람에게 자신의 매력을 어필하여 '어쩌면 저렇게 멋지냐' 하고 생각하게 만드는 전략이다. 이 때다 싶을 때 여성이 정성 들여 화장을 하거나 치장하는 것이 알기 쉬운 예다.

'증정 스트라테지'는 이른바 선물 작전이다. 사람은 자신이 좋아하는 물건을 받으면 약해진다. 자신을 싫어한다고 생각했던 사람에게 받는 선물은 반감을 호의로 바꾸는 데 아주 효과적이다.

①과 ②는 말로 표현할 수 있는 것이지만, ③과 ④는 행동으로 보여주는 것이기 때문에 말의 보강으로 사용하면 좋다.

자신에게 야단을 맞고 풀이 죽은 직원에게 좋은 말

"○○ 씨, 오늘 넥타이 색깔 좋은데."

"그 부분은 ○○ 씨 말이 맞는 것 같군."

"○○ 씨, 커피 한 잔 해."

사과를 할 때는 얼굴을 보여주어
화를 누그러뜨린다

자신의 실수로 거래처가 노발대발 화가 나 있다. 이대로는 자신의 회사에 손해를 끼칠지도 모른다.

당신이 이런 국면에 서 있다면 상사를 대신 사죄하러 보내고 당신 자신은 상대의 화가 사그라질 때까지 쥐 죽은 듯 기다리는 것이 좋을까, 아니면 당신 자신이 직접 상대를 만나 사죄해야 할까?

그 답을 심리학자 터너가 행한 조사와 고찰에서 이끌어낼 수 있다.

터너는 차의 클랙슨을 울리는 행동에 관해 조사했다. 교차점에서 신호를 기다리는 차가 신호가 바뀐 것을 알아채지 못했을 때 뒤차의 운전자가 클랙슨을 울리는 경우가 있다. '뭘 하고 있는 거야, 빨리 가!' 라는 마음이 들어 있는 클랙슨을 울리는 행위는 공격적 욕구의 표현이라고 일컬어지고 있다.

터너의 조사에 의하면 뒤차의 운전자가 클랙슨을 울리는 확률이 높은 것은 앞차의 운전자가 보이지 않을 때였다.

상대가 보이지 않는다는 것은 상대도 이쪽의 모습이 보이지 않는다는 말이다.

다시 말해, 자신의 모습이 상대로부터 감추어져 있을 때 사람은 상대에 대해 가장 공격적이라는 것이다.

거래처 사람이 노발대발 화내고 있는 것은 실수의 내용이나 정도만이 아니라 실수를 한 당사자인 당신의 모습이 보이지 않기 때문이라고도 생각할 수 있다. 이 상태로는 사태가 호전되리라 생각하긴 힘들다.

그러므로 당신은 떳떳하게 거래처로 발길을 돌려 "미스를 한 것은 접니다. 정말 죄송하게 되었습니다"라고 사죄하는 것이 좋을 것이다.

이성(친구)에게 잘못한 일이 있을 때
사적인 관계에서도 '얼굴을 보여주는 원리'는 통한다. 이상하게 전화로 이야기하면 의사 전달이 잘못되어 더 크게 싸우게 되는 일이 많다. 10분이면 끝날 사과라도 '일단 만나서 이야기하자'라고 하자. 얼굴을 보면 화도 조금은 누그러진다.

코너에 몰렸을 때
자신을 지키기
위해서는

예상외의 질문을 받으면
유머로 받아친다

경제학자인 케인즈가 학자로서 명성을 날리기 시작한 지 얼마 되지 않은 때의 에피소드이다. 그가 기자단으로부터 "우리들의 미래는 어찌 되겠습니까?"라는 질문을 받은 적이 있다. 물론 경제 예측에 관한 질문이었지만, 이에 대해 케인즈는 "미래라…… 우리들은 모두 죽어 있소"라고 대답했다. 전문 분야에 대해 물었더니 그것을 다른 각도에서 답한 것이다. 순간 그 자리에 있던 사람들은 일제히 웃음을 터트렸다고 한다.

조크나 유머는 사람의 마음을 온화하게 한다. 회의나 토론이 팽팽해져 험악한 무드가 되었을 때나 예상외의 질문에 말이 막혀버렸을 때 등 기분을 리프레시하고 싶다면 유머가 최선의 선택이다.

유머가 있는 대화를 하고자 한다면 사물을 여러 가지 각도에서 볼 수 있음을 의식하면 된다.

'와, 그것까진 생각 못했는데' '그런 방법도 있었구나' 하고 듣는 이가 생각해 주면 대성공이다.

사람들은 평소 읽는 책이나 만나는 이들이 해를 거듭하면서 고정화되는 경향이 있다. 자신의 시야를 넓혀 여러 가지 정보와 접하는 기회를 늘이면, 자연히 재미있는 화제를 만나게 된다. 자신의 환경을 풍요롭게 해두는 일도 필요하다.

유머와 서툰 익살은 다르다. 단지 웃음을 터트리게 하는 것만이 아니라 '과연 그렇군, 재미있어' 라고 생각되어지는 이야기여야 한다.

질문에 대한 답이 얼른 생각나지 않을 때

A: 새로운 사업이 경제정책과 어긋나는 것은 아닙니까?

B: 아…, 경제정책은 대통령이 잘 알고 있을 텐데요.

이렇게 말해 웃음을 유도한 후, 그 틈에 생각을 정리해 대답을 한다.

먼저 잘못을 인정하여
상대의 감정을 누그러뜨린다

'하나를 보면 열을 안
다'란 말이 있다. 하나를 보면 다른 일도 모두 유추해 낼 수 있다
는 의미이다.

예를 들어 상점이나 레스토랑에서 점원의 태도가 나빴을 경우,
손님 쪽에서는 '이 집은 점원 교육이 엉망이군' '요즘 젊은 점원은
손님을 손님이라고 생각도 않는다니까'라고 생각할 것이다.

어쩌다 상품 지식이 없는 아르바이트생이 접객한 것이어서 그렇
다고 해도, 그것은 가게 측의 논리이지 손님에게는 통하지 않는다.
손님에게는 자신을 대응한 한 사람의 점원이 그 가게의 인상을 만
드는 것이다.

여기서 문제는 이런 인상이 일단 박혀버리면 나중에 아무리 그것
을 지울 만한 정보가 주어져도 첫인상을 좀처럼 떨쳐버릴 수 없다
는 것이다. 그것도 좋은 인상은 비교적 지워지기 쉽지만, 나쁜 인상

쪽이 임팩트가 강하여 지우기 어렵다.

고객 개인에게 불친절하거나 불신을 준 기업이나 조직에게도 사정은 마찬가지이다.

"개인적인 문제로 회사 전체는 건재하다"라고 주장한다고 해도, 세상은 이를 받아들여주지 않는다. 그러므로 기업은 클레임을 걸어오는 사람에게 정성껏 대처해야 할 것이다. 그렇지 않으면 점점 더 소비자에게 나쁜 인상을 증대시키는 꼴이 되기 때문이다.

만일 클레임을 걸어왔다면, 무엇보다 상대에게 호감을 갖게 하는 자세는 고집을 부리지 않는 태도이다. 물론 어느 쪽이 바른지 알 수 없는 문제라면 사과할 필요는 없지만, 이쪽에 잘못이 있을 때는 "저희 실수로 손님에게 정말 큰 폐를 끼쳤습니다. 마지막까지 살피지 못한 점, 다시 한 번 사과드립니다"와 같이 상대가 옳았다는 것을 인정하는 태도로 접하면 상대의 감정을 누그러뜨릴 수 있다.

'100% 나쁘다고는 잘라 말할 수 없다' '회사의 체면이 걸려 있다' '나중에 손해 배상 문제가 생겼을 때 문제가 커진다' 등의 여러 가지를 생각해서 사죄를 망설이는 경우가 있는데, 기본은 손님에게의 성실함이다. 어느 정도 책임을 질 것인가 등의 문제는 나중 교섭에 맡기면 된다.

이렇게 대화를 해가면 상대도 얼마 안 가 양보의 자세를 보이게 될 것이다.

다짜고짜 항의하는 전화를 받았을 때

'무조건 화만 내지 마시고요' 라는 말을 꾹 참고

"저희 실수로 불편을 끼쳐드려 죄송합니다. 죄송하지만 어떤 문제가 있으신지 확인해주시면 좀 더 빨리 조치해 드릴 수 있습니다."

열이 난 상대의 이야기는
냉정하게 받아들인다

회의나 협상의 자리에서
작은 말의 엇갈림이 논쟁이 되는 경우가 있다.

한쪽이 "당신은 ○○다"라고 상대를 비판했을 때, 다른 한쪽도 "너야 말로 △△다"라고 응수하면, 비난이 오가게 되고 본격적인 싸움에 돌입한다. 상대의 정당성을 인정하는 일이 없어지고, 논리를 넘은 말싸움이 되어버리기 때문이다.

그러므로 이 '너는' '너야 말로'가 나오기 시작했다면, 휴식을 제안하든지 커피나 녹차를 다시 내오든지 하여, 일단 흐름을 자르는 것이 필요하다.

만약 당신이 싸움의 당사자라면 결코 '너야 말로'라고 말을 받아치지 않는 편이 좋다. 거기까지 오면 서로 냉정하게 이야기를 재개하는 일이 꽤 어려워지기 때문이다. 또 한 가지 조심해야 할 것은 메타 커뮤니케이션이라고 불리는 상태다.

메타 커뮤니케이션이라는 것은 토론을 위한 토론, 말싸움을 위한 말싸움을 시작해 버리는 일이다. 예를 들면 "어째서 그런 말을 하는 겁니까? 그 진짜 이유가 뭡니까?"라든가 "당신이 하는 말은 조금도 이해할 수 없어"와 같은 비난 방법이다.

이 발언으로 그 때까지 절충해 온 모든 것이 원점으로 돌아가 버린다. 말의 의미며 정의에 대해 이야기 시작하게 되어서 논쟁은 끝이 날 줄 모른다. 심지어 지난 회의에서 결정된 안건을 다시 끄집어내는 일도 있다.

이러한 때에는 일단 말의 허리를 끊어, 그 날의 회의 또는 협상의 의미나 과제를 전원에게 재인식시키는 길밖에 없다. "사람 이야길 좀 들어!" 하고 격앙한 상대가 말할 때는, 그저 상대가 하는 말에 귀를 기울이는 수밖에 없다. 그런 다음 상대가 말한 것에 대해 이해할 수 없는 부분을 정확히 질문하고, 충분한 설명을 구하는 것이 좋다.

상대가 화나 있다고 해도 그런 질문을 하는 사이에 토론의 내용이 생산적인 방향으로 바뀌어가는 일이 많다. 그렇게 되면, 만약 쌍방이 납득이나 합의에 이르지 못하더라도 '하고 싶은 말은 했다' '토론해야 할 것은 했다' 라는 만족감은 남기 때문에 싸움 상태에서 빠져나갈 수는 있다.

마지막에 이기는 사람은 누구?

상대가 소리를 지르거나 인신공격을 할 때 참고 견디는 것은 여간 어려운 일이 아니다. 만약 그런 일이 생긴다면 마지막을 생각하자. 논리의 여부를 떠나 결국 소리를 지른 사람이 지는 것이고 사과도 그의 몫이다.

모르겠다는 솔직한 고백이
가르쳐주어야겠다는 기분을 만든다

무언가를 물어왔을 때 솔직하게 "모르겠습니다"라고 답하는 것은 좀처럼 쉽지 않다. 인간은 누구라도 자존심이라는 것을 가지고 있다. 모르는 것을 부끄럽다고 생각하며, "뭐야, 그런 것도 몰라" 하고 바보 취급당하는 것을 싫어한다.

그러나 소크라테스의 유명한 말인 '무지無知의 지知'처럼, 모른다는 것을 자각하는 일은 이해로의 첫걸음인 것이다. 창피하다고 생각지 말고 "모르겠습니다"라고 말하는 편이 괜히 아는 척하는 것보다는 훨씬 낫다.

이 '모르겠습니다'가 인간관계에서는 의외의 효과를 가져다주는 일이 있다. 그것은 이쪽의 겸허함을 표현하는 동시에 상대의 우월감을 만족시키기 때문이다.

"모르겠습니다. 좀 가르쳐주십시오"라고 하면 대부분의 사람은

"그렇다면 내가 가르쳐주지" 하고 친절하게 가르칠 마음이 생긴다. 지식을 가지고 있는 사람은 그것을 타인에게 가르쳐주고 싶고, 상대가 미숙하면 '서포트 역할을 맡지' 라는 의식은 점점 강해지는 것이다.

이 때 배우는 자와 가르치는 자의 사이에는 우호적인 인간관계가 생성되기 쉽다.

지식을 가르치기 위하여 사람과 이야기하는 것은 '접근 행동' 의 하나로 사람과 사람의 거리를 줄이는 이런 행동을 취해 놓으면, 그 대상에게 점점 호의를 품게 되는 것이다.

단, 이 "모르겠습니다"는 어디까지나 '몰라서 죄송합니다' 라는 태도가 묻어 있는 '모르겠습니다' 가 아니면 안 된다. 조금이라도 '모르는 게 당연하지' 라는 마음이 보인다면, 모처럼 배울 수 있는 기회도 놓쳐버리게 된다.

젊은이들에게 흔히 볼 수 있는 '옛날 일이니까 몰라도 돼' 라는 자세도 연장자의 공감을 얻지 못한다.

어디까지나 '모르면 안 되는 것인데, 아무것도 몰라서 면목 없습니다' 라는 마음을 갖고 나서의 "모르겠습니다, 좀 가르쳐주십시오" 라는 태도여야 한다.

상사가 모르는 일을 시킬 때
"처음 해보는 일이라서요. 죄송하지만 방법을 좀 가르쳐 주시겠습니까."
"뭔가 유의할 점이 있으면 알려 주시겠습니까."

나는 강한 인간이라고 되뇌면
진짜로 강한 인간이 된다

'자기 자신을 어떠한 인간이라고 생각하고 있는가'라는 자기 평가를 심리학에서는 '자기 개념'이라고 한다. 사람은 그 자기 개념의 이미지대로 행동하려고 하는 경향이 있다.

그러므로 '나는 약한 인간이다'라는 네거티브한 자기 개념을 품고 있는 사람은 행동도 네거티브해지기 쉽다. 반대로 포지티브한 자기 개념을 가진 사람의 경우는 행동도 포지티브해진다.

따라서 어느 순간 '내겐 이 일을 해낼 뛰어난 능력이 있어'라고 자기 자신에게 긍정적인 이미지를 품기 시작하면 행동도 적극적으로 변화해 간다.

반대로 '나는 정말 안 돼'라는 부정적인 이미지를 계속 품고 있으면, 그 사람의 본래의 능력과는 멀어져 행동이나 생각 하나 하나가 위축되어버릴 가능성이 있다.

한 비즈니스 스쿨에서 최상급생을 대상으로 자존 감정의 높이, 즉 스스로에 대한 자신감의 유무와 실제 취직 상황과의 관계를 조사했다. 그 결과 자신이 없는 학생 쪽이 취직 시험의 합격률이 낮았다.

이것에는 여러 가지 이유를 생각할 수 있다. 자신이 없는 학생은 그다지 취직 활동을 열심히 하지 않았기 때문에 정보 부족을 초래했다. 또한 자신 없음이 태도에 나타나 면접시험에서 그다지 좋은 인상을 주지 못했다 등등.

그러므로 스스로에게 강한 자신을 가지고, 포지티브한 자기 평가를 내리는 것이 중요하다.

그렇다면 이 포지티브한 자기 평가를 어떻게 획득하면 좋을까?

그 방법의 하나가 '퍼블릭 커미트먼트'이다. 퍼블릭 커미트먼트란 다른 누군가에게 자신의 마음을 표명하는 것을 말한다. 그럼으로써 사람은 그 선언을 지키려고 하는 심리상태에 빠진다.

예를 들면 금연하려는 사람이 직장동료나 가족에게 "담배 끊었다!"라고 (묻지도 않았는데) 공공연히 떠드는 행동이 그것이다. 실제 이러한 금연에 성공한 예도 많다. 퍼블릭 커미트먼트의 효용을 이용한 것의 하나이다.

다시 말해, 자신에게도 말하고 다른 이에게도 선언하면 그런 사람이 될 수밖에 없는 것이다. 어떤 말로 자신을 격려해 나가는지가 보다 잘살기 위한 방법이 된다.

뭔가 결심을 했을 때는 되도록 많이 알리자

"어제부터 운동을 시작했어."

"내일부터 영어 학원에 나갈 거야."

혹시 중도에 그만두더라도 이것을 가지고 비난할 사람은 없다. 다들 비슷하기 때문이다.

Chapter 8 코너에 몰렸을 때 자신을 지키기 위해서는

때로는 약간의
자기 합리화도 필요하다

변명이라는 단어에는 그다지 플러스 이미지는 없는 듯하다. 그러나 시점을 바꿔보면 변명을 얼마나 잘하는가 아닌가에 그 사람의 정신적인 성숙도가 관여되어 있다.

예를 들면 어린아이는 그다지 변명을 하지 않는다. 사실은 안 하는 것이 아니라 못하는 것이다. 어린아이는 아직 머릿속에 논리적인 사고 회로가 정비되어 있지 않아서 변명이라는 (어떤 의미에서) 고도의 논리조작이 불가능하기 때문이다.

어른이 되어 정신적으로 성숙하면 자신의 희망이나 요구가 충족되지 않았을 때나 실패하고 말았을 때, 스스로의 행동을 정당화하는 논리조작이 점점 가능해지게 된다.

더구나 연령이 높아져 인생경험을 쌓아감에 따라서 변명의 기술도 많이 가지게 된다. 그것은 학습에 의해 습득한 것도 있으며, 스스로 창출해 낸 것도 있다. 즉, 변명을 잘하게 되는 것은 인생에 숙련해 온 증거라고 할 수 있다.

변명의 일종으로 '자기 핸디캐핑'이라고 불리는 것이 있다. 예를 들면, 학교 운동회의 달리기에서 꼴등을 한 경우 "다리가 아파서 이번엔 제대로 뛰지 못했다"고 하거나, 시험을 망칠 것 같은 때는 "감기 때문에 몸이 안 좋아" 하고 예방선을 그어놓는 일이 있다. 이렇게 자신을 핸디캡이 있는 상태에 놓아둔다는 의미로 자기 핸디캐핑이라고 부른다.

자기 핸디캐핑을 하는 것은 자신의 프라이드가 상처받는 것을 지키기 위함이다. 따라서 자존심이 강한 사람일수록 자기 핸디캐핑을 하는 일이 많다. 합리화하여 정신적인 안정을 구하려는 것이기 때문에 전부를 나쁘다고만은 할 수 없다.

"누구라도 이런 상황에 놓이면 실패하겠지요"라고 동의를 구하는 말투도 자기 핸디캐핑의 하나이다.

일에 성공했을 때는 자신의 힘이라 생각하고, 실패했을 때는 "상사의 명령 방법이 나빴기 때문이야"라고 책임을 타인에게 전가시키는 것도 자기 핸디캐핑이다.

이렇게 나열해 보니, 자기 핸디캐핑은 누구에게라도 있을 것 같은 심리라고 할 수 있다. 자기 맘대로의 논리조작이라고도 할 수 있지만, 그러한 논리조작이 없으면 도저히 살아갈 수 없는 것이 사회라는 것도 진실이다.

자기합리화를 하더라도 대안은 마련하자

"이번에는 몸이 너무 안 좋아서 일을 제대로 하지 못했어. 이제부터 아침마다 운동을 해야겠어."

부당한 일을 하기 싫으면
다른 사람의 예를 들어 거절한다

단지 수십만 원이며 수백만 원의 향응을 받았다 하여 뇌물수수 용의로 경찰에 체포되어 인생을 날려버리고 마는 공무원이 가끔 신문을 떠들썩하게 한다.

냉정하게 생각해 보면, 그런 향응에 응하는 것은 아주 위험하여 받은 금액 이상의 벌이며 사회적 규제를 당할 가능성이 있음을 알 텐데, 왜 그런 범죄 행위에 발을 담그게 된 것일까?

결국 이것은 '모두 그렇게 하니까' 라든가 '다른 이들도 하고 있으니까 나도 해도 되겠지' 라는 심리에서 오는 것일 게다.

사람은 뒤가 구린 행동을 할 때, 무의식적으로 그 행동을 정당화하려는 동기부여나 변명(합리화)을 한다. 그렇게 함으로써 뒤가 구린 것을 해소하려는 것이다.

강한 사람이나 권위 있는 사람이 그렇게 한다면 '나도 하자' 라는

Chapter 8 코너에 몰렸을 때 자신을 지키기 위해서는

마음이 되는 것이 인간이라는 동물이다.

그런데 만약 정말 하고 싶지는 않지만, 나만 하지 않으면 모가 나고 버틸 만큼의 용기도 없을 때는 어떻게 빠져나가면 좋을까?

이럴 때는 상대가 믿고 있는 특정의 가치체계, 즉 회사라면 회사 안에서 예전에 그러한 악습이나 형사 처벌의 대상이 될 듯한 일과는 무관한 사람의 예를 들어 "○○씨라면 이런 일은 하지 않았을 것이다"고 반론하는 것이 좋다. 이렇게 하면 당신의 주장에 정당성과 강한 설득력이 생겨나고, 반감도 누그러뜨릴 수 있다.

잘못된 일을 하자는 은근한 압박을 받았다면

뒤가 구린 일을 하는 사람들은 혼자 하지 않는다. 일종의 안전장치로써 다른 사람도 동참하기를 바란다. 대놓고 비난하거나 거절하면 공격당할 수도 있다. 상대를 비난하지 않고 적당히 거절하는 기술이 필요하다.

"○○씨처럼 저도 내키지가 않습니다."

상대에게 폐를 끼쳤다면
먼저 고의가 아니었음을 밝힌다

상대에게 폐를 끼치고
말았을 때, 우리들은 사죄하고 그 이유를 서술하며 상대가 자신의
마음을 알아주길 바란다. 사죄하고 이유를 말하기 전에 "일부러 그
런 게 아니야"라는 한마디를 덧붙이면, 상대의 불쾌감을 완화시키
는 데 효과가 있다.

이것은 심리학자인 K. A. 더치의 실험으로 증명되었다.

아이들을 두 그룹으로 나누고, 먼저 한 그룹의 아이들에게 그림
퍼즐을 하게 한다. 퍼즐이 거의 완성될 즈음에 아이들을 방 밖으로
내보내고, 다른 그룹의 아이들을 방으로 들어오게 한다. 그러고는
거의 완성된 퍼즐을 엉망으로 만들어버리게 한다.

그런 다음 그 이유에 대해, 어떤 아이들에게는 "(다른 아이들이)
퍼즐을 도우려고 하다가 잘못해서 부서지고 말았다"고 알리고, 또
다른 아이들에게는 "(다른 아이들이) 일부러 그랬다"고 알렸다.

Chapter 8 코너에 몰렸을 때 자신을 지키기 위해서는

그러자, '일부러'라고 알게 된 아이들의 불만이 좀처럼 진정되지 않고 그 후의 행동에도 공격적이 되었다. 똑같이 퍼즐을 엉망으로 만들긴 했지만, 그것이 '일부러'인지 아닌지로 아이들의 행동에 확연한 차가 드러난 것이다.

이 실험에서도 밝혀진 것처럼 사람은 자신이 입은 피해 그 자체보다도 그것이 고의인가 아닌가에 의해 상대에 대한 행동도 변하게 된다.

상대에게 폐를 끼치고 말았다면 "일부러 그런 게 아니에요. 사실은 이런 사정으로……" "악의가 있어서 한 일은 아닙니다만, 일이 이렇게 되어 정말 죄송합니다" "그러려고 그런 것이 아닙니다만, 결과적으론 폐를 끼치게 되고 말았습니다" 하고, 우선은 자신이 고의로 상대에게 피해를 준 것이 아니라는 말을 표현한 다음 성실하게 사죄해야 할 것이다.

친구가 당신의 말에 화가 났을 때
"그런 뜻은 아니었는데 정말 미안해."
"미안해. 내 딴에는 돕는다고 한 일이었는데."

09

자신을 연출하여
위기에서 벗어난다

한 젊은 기업 경영자가 중요한 회합에 지각을 하고 말았다. 모두에게 나쁜 인상을 심어 주게 될지도 모를 이 위기를 그는 교묘하게 자기의 힘을 어필하는 방향으로 전환시켰다.

그는 "잠시 총리와 만나느라 늦었습니다"라며 조금도 주눅 들지 않고 들어와 자리에 앉았다.

이 경우 지각한 변명을 하면서도 총리의 이름을 대어 막역한 사이임을 어필하며 자기 선전을 하고 있다. 듣는 쪽 사람들로서도 '총리와 만나고 있었다면 지각도 어쩔 수 없다'고 생각했을 것이고, '역시 정계와 끈이 있는 큰 인물'이라는 포지티브한 인상을 가졌을 것이다.

이 경우 '총리'가 '후광 효과'가 되었다. '후광後光 효과'는 어떤 인물의 일부분의 인상이나 평가가 그 사람의 전체 평가가 되는 것을 의미한다. 눈에 띄는 특징이 후광이 되어, 실제보다도 좋게 (또는 나쁘게) 보이는 것으로부터 그 이름이 붙여진 것이다.

후광이 되는 것은 그 인물의 지위 · 학력 · 인맥 · 신체적인 특징 · 복장 · 특기 등 많은 것이 있다. 말수가 적고 언제나 미소가 끊이지 않는 사람은 온화해 보이고, 치장에 무관심한 학자가 오히려 우수한 느낌이 드는 것이 후광 효과이다.

이러한 후광 효과를 활용한 말투는 누구에게라도 적용할 수 있다.

"이사님과 약속이 되어 있어서 그 날은 갈 수 없습니다."

"거래처 부장님에게 잡혀서 늦어졌습니다."

이와 같이 변명을 하면서 자기 어필을 할 수 있다. 그 자리에 어울리는 후광이 되는 일을 고르면 된다. 단, 자주 하면 불쾌하게 생각하거나 '그렇게 말은 하지만 정말인지 몰라' 하고 믿어주지 않기 때문에 주의해야 한다.

후광 효과의 실전 응용법

"교수님하고 이야기하느라 늦었어."

"부장님하고 새로운 사업 방안 의논하느라고, 미안해."

"거래처 사장님이 급하게 보자고 하셔서."

10

'파이팅' 이란 외침으로

정말 기분이 좋아진다

자신을 치료하고 힘을 내는 데는, 건강한 척해 보는 것이 좋은 방법이라고 심리학자들은 말한다.

미국의 심리학자 윌리엄 제임스는 "쾌활함을 잃었을 때 그것을 돌이키는 최선의 방법은 정말 쾌활한 척 행동하고 쾌활한 척 말하는 것이다"라고 말한다. 자신에게 "파이팅" 하고 한마디 해주는 것으로 가라앉은 기분에서 탈출할 수 있다는 것이다.

가끔 체육계의 트레이닝 등에서 하나가 되어 "파이팅, 파이팅" 하고 소리를 내면서 뛰는 모습을 볼 수 있다. 뛰고 있는 자체만으로도 힘들 텐데, 게다가 큰소리까지 내면 더욱 피곤할 뿐이라고 생각하기 일쑤지만 거기엔 심리적인 효과가 깔려 있다.

사람은 울고 싶을 때는 우는 얼굴이 되고, 즐거울 때는 즐거운 얼굴이 된다고 생각하지만, 반대로 울고 있는 얼굴을 하고 있으니까 울고 싶어지고, 즐거운 얼굴을 하고 있으니까 즐거워진다고 하는 작용이 있는 것이다.

이것을 실증한 유명한 연구가 레어드라는 심리학자가 행한 실험이다.

레어드는 얼굴 근육에 전극을 세트하여 웃는 얼굴이며 화난 표정을 인위적으로 만들어냈다. 그리고는 피험자에게 여러 가지 감정의 표정을 인위적으로 만들어낸 다음 몇 장의 그림을 보였다. 그 결과, 근육의 움직임으로 웃는 표정이 만들어졌을 때는 그 그림을 보고 웃기다고 느끼고, 화난 표정이 만들어져 있을 때는 같은 그림을 보아도 화난 감정이 우러나는 것을 확인했다.

그러므로 만약 울고 싶을 때라도 억지로 웃는 얼굴을 만들어보면 점점 마음이 편해진다.

또한, 마음과 신체에 관해 서술한 유명한 이야기에 '톰의 위'가 있다.

뉴욕 시민 중에 아일랜드 출신의 톰이라는 인물이 있었다. 아홉 살 때 잘못하여 뜨거운 클램 차우더(해산물 스프의 일종:역자 주)를 마시다가 식도가 화상으로 심하게 손상되고 말았다. 그 때문에 복벽의 절개 부분에서 위의 일부를 외부에 끄집어 내어, 그곳으로 직접 먹을 것을 섭취하는 상태가 되었다.

한 심리학자가 톰의 위에 흥미를 가져, 마음의 변화가 어떻게 위의 변화에 영향을 미치는지 조사해 보았다.

그 결과, 톰이 화가 나면 얼굴이 빨갛게 되는 것과 동시에 위도 빨갛게 되는 것을 알았다. 공포를 느끼면 얼굴색이 그런 것처럼 위도 창백해졌다. 이 관찰을 바탕으로 마음과 몸의 연동이 이론화되었다.

기분이 가라앉을 때나 슬픈 마음이 들 때에는, 어쨌든 웃는 얼굴로 "파이팅!" 하고 자신을 격려하는 말을 입에 담자. 정말로 기분이 좋아지는 것을 느낄 수 있을 것이다.

짜증이 날 때, 무기력할 때, 인간관계 때문에 힘들 때 이렇게 외치자. "파이팅!!"

Master of Expression

초판 1쇄 발행 2008년 5월 9일
초판 4쇄 발행 2008년 7월 5일

지은이 도미타 타카시
옮긴이 박진희
펴낸이 이범상
펴낸곳 (주)비전비엔피 · 비전코리아

기획 편집 박창석 박승범 윤수진
디자인 류승인 전공주
영업 관리 박석형 한상철 이미자

주소 121-839 서울시 마포구 서교동 377-26 1층
전화 02)338-2411(代) | **팩스** 02)338-2413
이메일 visioncorea@naver.com/ekwjd11@chol.com
블로그 http://blog.naver.com/visioncorea

등록번호 제313-2005-224호

ISBN 978-89-87224-91-6 03320